KURLAND
DIE VERGESSENE HEERESGRUPPE
1944/1945

Werner Haupt

PODZUN-PALLAS-VERLAG · 6360 FRIEDBERG 3

Podzun-Pallas-Verlag GmbH
6360 Friedberg-3 (Dorheim)
Druck und Einband: Ebner Ulm
Gesamtredaktion: Horst Scheibert
Bilder: Archiv Bibliothek für Zeitgeschichte, 7000 Stuttgart
Archiv Podzun
ISBN 3-7909-0086-9

ZUR EINFÜHRUNG

"Die vergessene Heeresgruppe", so lautet der Untertitel dieses Buches zum Gedenken an den einzigen Großverband der Wehrmacht, der im Zweiten Weltkrieg in offener Feldschlacht nicht besiegt wurde - und von dem heute kaum mehr gesprochen wird.

Die Soldaten der Heeresgruppe Nord, später Kurland, die Männer der Luftflotte 1, die Matrosen der Verbände des Seekommandanten Lettland und die Angehörigen des Wehrmachtgefolges haben auf altem deutschen Kulturboden außerhalb der Heimat ihre Pflicht wahrlich "bis zum Letzten" erfüllt.

Die Heeresgruppe Kurland war acht Monate lang auf sich allein gestellt, abgeschnitten vom Reich und von den Lieben daheim, über die in dieser Zeit die Kriegsfurie dahinrollte. Die Soldaten zwischen Windau und Libau, zwischen Frauenburg und Skuodas und wo sie sonst immer auf lettischem und litauischem Boden standen, haben in dem Bewußtsein ausgehalten, durch ihren Kampf der fernen Heimat zu helfen.

Der Auftrag für die Heeresgruppe Kurland und der dort eingesetzten Luftwaffen- und Kriegsmarine-Verbände galt, starke Kräfte der "Roten Armee" zu binden, um diese am Einfall nach Ost- und Mitteldeutschland zu hindern.

Der Kampf auf "verlorenem Posten" war von Anfang an aussichtslos – und trotzdem blieben Soldaten aus allen Gauen des Deutschen Reiches in Kurland; kämpften, starben und gingen ausnahmslos in Gefangenschaft, aus der nur die wenigsten zurückkehrten.

Ihnen zum Gedächtnis sollen die Kapitel des Buches dienen und zur Erinnerung an die "vergessene Heeresgruppe".

Waiblingen, Frühjahr 1979 Werner Haupt

VORBEMERKUNGEN DER REDAKTION

In diesem Buch geht es um die alte Führungsfrage: Dürfen Kräfte "auf verlorenem Posten" belassen werden, um dadurch an anderen Stellen größeres Unheil zu verhüten? Grundsätzlich sicher ja, nur ist es stets schwer zu entscheiden, ob es jeweils wirklich notwendig war - ja, ob nicht diese Kräfte an anderen Stellen das Gleiche oder gar erfolgreicher hätten leisten können.

Wie bei vielen Entscheidungen, weiß man es erst auch hier zumeist hinterher besser.
Es gibt zahlreiche Beispiele in der Kriegsgeschichte, die hierfür herangezogen werden können. Darunter aber auch eine Reihe, bei denen sich das Belassen oder Ausharren als nicht sinnvoll erwiesen hatte - zum Beispiel Stalingrad. Dort wurden nur wenige Tage stärkere feindliche Kräfte gebunden, dann aber von den dort eingeschlossenen Verbänden das große Geschehen kaum noch beeinflußt. Es ist nämlich ein Unterschied, ob die jeweiligen Truppenteile in der Lage bleiben, wirklich größere Feindverbände für längere Zeit zu binden oder sie wie in Stalingrad weder ausreichend versorgt noch mangels Masse in absehbarer Zeit hätten befreit werden können. Es ist weiterhin ein Unterschied, ob weit entfernt vom eigenen Land noch Operationsraum zur Verfügung steht oder wie in Kurland eigenes Gebiet mit seiner Bevölkerung schon unmittelbar betroffen war. Trotzdem läßt sich streiten, ob das Halten des Brückenkopfes Kurland - und es hat hierüber starke Auseinandersetzungen zwischen dem damaligen Generalstabschef Generaloberst Guderian und Hitler gegeben - wirklich zwingend gewesen ist.

Ich meine aber, daß es doch seine Berechtigung hatte. Die Truppen in Kurland konnten über See versorgt werden; übrigens der Hauptgrund, warum sie in der Lage waren, bis zum Kriegsende zu halten und monatelang starke russische Kräfte zu binden, da sie für die russische Führung in ihrer Stärke immer eine Flankengefahr bedeuteten. Ohne die Kurlandfront wären Ostpreußen, Westpreußen und Pommern noch schneller überrannt worden. Es ist daher sicher, daß Hunderttausende von Flüchtlingen diesen Soldaten ihr Leben zu verdanken haben.

Weilburg, 1. 3. 1979

Horst Scheibert

DER AUFTAKT

Der Rückzug vom Peipussee nach Kurland
Juni – Oktober 1944

Sommerliche Hitze liegt im Monat Juni 1944 über der weiten Front der Heeresgruppe Nord. Diese erstreckt sich von Narwa am Peipussee entlang bis ostwärts von Pleskau und Ostrow. Die Stellungen verlaufen dann in südostwärtiger Richtung, schlagen westlich Welikije Luki ein und weiter nach Süden in Höhe Witebsk. Dort ist der Anschluß an die 3. Panzerarmee hergestellt.
Unheilvolle Stille lastet auf den Gemütern der Soldaten, bis am Morgen des 22. 6. auf 400 km Breite die große sowjetische Offensive gegen die Heeresgruppe Mitte losbricht. Beiderseits Witebsk greifen die 1. Baltische und die 3. Weißrussische Front mit 146 Schützendivisionen und 43 Panzerverbänden an! Durch diesen gewaltigen Stoß wird auch das rechte Flügelkorps der Heeresgruppe Nord getroffen, das auf die Beresina und auf die Höhen vor Polozk ausweicht. Hier bewährt sich die als Reserve sofort eingesetzte sächsische 24. I.D., deren Grenadiere und Pioniere mit "Hurra" bei Obol stürmen und so die freie Flanke vor einer Umklammerung bewahren. Die 205 I.D. schießt als Eckpfeiler der 16. Armee schon am ersten Tag 18 Feindpanzer ab.
Der Schwerpunkt der russischen Angriffe liegt im Abschnitt der Heeresgruppe Mitte. Die Überlegenheit des Gegners an Menschen und Material und die strategisch-genial angesetzten Durchbruchsarmeen reißen die Front der mittleren deutschen Kräftegruppe schon an diesem Tag auf.
Die Lücke zwischen dem linken Flügel der angegriffenen Heeresgruppe Mitte und dem rechten Flügel der Heeresgruppe Nord klafft bereits am Nachmittag des ersten Schlachttages weit auf. Notdürftig wird die eigene Front gehalten. Doch am 23. Juni dehnen die Sowjets ihre Offensive bis in den Raum nach Pleskau aus. Damit beginnt der frontale Angriff gegen die Heeresgruppe Nord!
Da sich der Schwerpunkt der "Roten Armee" eindeutig gegen den rechten Flügel der Heeresgruppe (Abschnitt des I. Armeekorps der 16. Armee) richtet, ist die Zielrichtung des Gegners gewiß. Der Gegner will die Heeresgruppe Nord von der übrigen Ostfront absprengen und im baltischen Raum einschließen. Die am 22. Juni aufgerissene Frontlücke beiderseits der Düna kann in den nächsten Wochen trotz verzweifelter Anstrengungen nicht mehr geschlossen werden!
Die Heeresgruppe Nord kämpft deshalb - ohne jede Zuführung von Reserven, sie muß im Gegenteil nach und nach Divisionen und Kampfgruppen der Heeresgruppe Mitte zur Verfügung stellen - für sich allein.

Die Heeresgruppe erkennt die Gefahr, die ihr durch den Zusammenbruch der rechten Nachbararmeen droht. Ihre Oberbefehlshaber, Generaloberst Lindemann, später auch sein Nachfolger Generaloberst Friessner, wollen die Front ins Baltikum zurücknehmen. Doch Hitler lehnt diese Wünsche kategorisch ab und überträgt später Generaloberst Schörner die Führung des Nordabschnitts der Ostfront.

Generaloberst Lindemann, vom 16. 1. 1942 bis 31. 3. 1944 Oberbefehlshaber der 18. Armee, bis 3. 7. 1944 O.B. der Heeresgruppe Nord.

Mitte Juni steht die Heeresgruppe Nord auf ganzer Frontbreite zwischen der Düna und Narwa im schweren Abwehrkampf. Die drei "Baltischen Fronten" (sowjetische Heeresgruppen) stürmen unter Einsatz von Hunderten von Schlachtfliegergruppen, Dutzenden von Infanteriearmeen und mehr als 2.000 schweren Panzerkampfwagen vor. Die Heeresgruppe, die bereits nach vierzehntägigem Kampf 50.000 Mann Verluste zählt, muß ihre Stellungen räumen und sich auf das Baltikum zurückziehen.
Die 16. Armee hält vorerst allein die Wucht des feindlichen Angriffs aus und steht in schwerer Abwehr weit westlich von Newel. Trotz heldenhafter Gegenstöße der schlesischen 81. und hamburgischen 290. I.D. reißt am 10. 7. die Verbindung zur Heeresgruppe Mitte endgültig. 29 sowjetische Schützendivisionen und ein Panzerkorps preschen durch die 25 Kilometer breit klaffende Lücke längs der Düna vor, besetzen am 4. 7. Polozk und dringen in Litauen und Lettland ein! Harte Kämpfe toben um Dünaburg, wo sich die Sachsen, Ostpreußen und Schlesier der 24., 61. bzw. 81. I.D. nach allen Seiten schlagen, obwohl sie seit Beginn der gegnerischen Offensive kaum noch Schlaf und Ruhe kennen und Materialknappheit zu mangelhaften Improvisationen zwingt.

Da beginnt am 11. 7. 44 der Großangriff der 2. Baltischen Front zwischen Pleskau und Opotschka. Das L. AK. (50. Armeekorps) wird in verlustreiche Waldkämpfe an der Pljussa verwickelt, und gegen das XXXVIII. AK. (32., 83. I.D., 21. Lw.FD., später 227. I.D.) drücken zwölf Schützendivisionen und fünf Panzerbrigaden. Die

Blick auf Pleskau. Fast drei Jahre lang ist Pleskau die große Etappenstadt des Nordabschnittes, bis die Stadt im Juli geräumt wurde.

Absetzbewegung der deutschen Truppen geschieht unter scharfer Verfolgung des Feindes, der mit einer Vielzahl von Schlachtfliegern und Panzern operiert. Der Rückzug artet oft in Panik aus. Die Pommern der 32. I.D. müssen zum Beispiel die Welikaja schwimmend überwinden, da die Brücken vorzeitig gesprengt worden sind. Die 18. Armee räumt die "Panther-Stellung" und weicht auf die "Marienburg-Stellung" an der Bahnlinie Pleskau-Jakobstadt aus.

Die 3. Baltische Front eröffnet am 24. 7. mit 20 Divisionen ihren Schlag gegen Narwa. Hier leistet das III. SS-Pz.Korps (SS-D. "Nordland", SS-D. "Nederland", 20. estnische SS-D. und 11. I.D.) in verbissener Gegenwehr vorerst Widerstand. Damit steht die gesamte Front der Heeresgruppe in Flammen.
Die deutschen Divisionen sind überall über die russisch-baltischen Grenzen zurückgegangen und haben damit wieder europäisch anmutendes Gebiet betreten. Der Sommer steht in schönster Blüte und die Ernte des landwirtschaftlich reichen Bodens kommt der Truppe zugute. Die Soldaten finden auf den von ihren Besitzern verlassenen Höfen genügend Milch, Geflügel, Fleisch und Gemüse. Die estnischen und lettischen Landleute und Städter helfen in wahrer Freundschaft. Sie wissen ja genau, was sie zu erwarten haben, wenn die Rote Armee naht.

Die Sowjets stoßen Anfang August mit vier Schützen-, einer Panzerdivision und zwei motorisierten Brigaden in das Sumpf- und Seengelände südwestlich des Peipussees vor. Sie entwickeln jetzt ein neues Angriffsverfahren. Ihre Artillerie läßt schräge, von vorn nicht erkennbare Einbruchsgassen in der Feuerwalze offen, durch die wenige Minuten vor der Feuerverlegung Panzer und Infanterie ihren Weg nehmen. Verzweifelt wehren sich die deutschen Verbände, die oft in Kampfgruppen aufgesplittert sind und kaum Verbindung untereinander haben.
Mitte August entbrennen erbitterte Straßen- und Häuserkämpfe in Dorpat. Das erste Bataillon des Rastenburger Grenadierregiments verteidigt mit großer Verbissenheit das estnische Nationalmuseum nördlich der Stadt.
Die Heeresgruppe wahrt trotz aller Rückschläge den Zusammenhang der Front zwischen Dorpat - Walk - Schwanenburg. Hier wird die mit "Giganten" angeflogene, gerade erst in der Heimat aufgestellte 31. Volks-Gren.-Division eingesetzt.

Die Dörfer und Städte Estlands, die seit 1941 unter deutscher Zivilverwaltung stehen, gehen in Flammen auf. Die Bevölkerung zieht sich mit den Truppen zurück.
Die Schlacht um Estland beginnt in der zweiten Augusthälfte. Die hier fechtende "Armee-Abteilung Narwa" und die 18. Armee verlieren zeitweise die Verbindung. Ihre Divisionen weichen langsam nach Südwesten zurück. Ende August verteidigt die Heeresgruppe eine 700 Kilometer lange Front mit nur 36 Divisionen und zwei Brigaden mit insgesamt 572.000 Mann.
Die Heeresgruppe Nord räumt später ab 18. September Estland. Der Befehl hierzu wird lange vom Oberkommando des Heeres nicht genehmigt. Doch jetzt bleibt keine

Die Räumung Estlands beginnt am 18. 9. 1944.

Wahl. Die "Armee-Abteilung Narwa" wird aufgelöst, ihre Verbände der 18. Armee unterstellt.
Die Räumung der estnischen Gebiete erfolgt trotz verschärften Nachstoßens der Sowjets exakt und planmäßig. Reval wird von den Einheiten der Kriegsmarine am 22. September aufgegeben. Vier Dampfer, ein Lazarettschiff und die Torpedoboote "T-13, 17, 19" und "20" bringen die letzten 9.000 Verteidiger über See nach Kurland. Nach drei Tagen wird Pernau aufgegeben. Die letzten Seetransporter laufen aus, als die Sowjets bereits den Hafen beschießen. Der Finnische Meerbusen sieht von nun an keine deutschen Schiffe mehr.
Estland ist sowjetisches Territorium geworden.

Die 16. Armee an der rechten Flanke führt mit ihren auseinandergerissenen Divisionen einen fast aussichtslosen Kampf. Die 215. I.D. hält um Bauske, wo die Heeres-Sturmgeschütz-Brigade 202 unter Major Spielmann mit großem Erfolg eingreift und Wachtmeister Scharf allein dreizehn Panzer abschießt; die 81. und 290. I.D. zeichnen

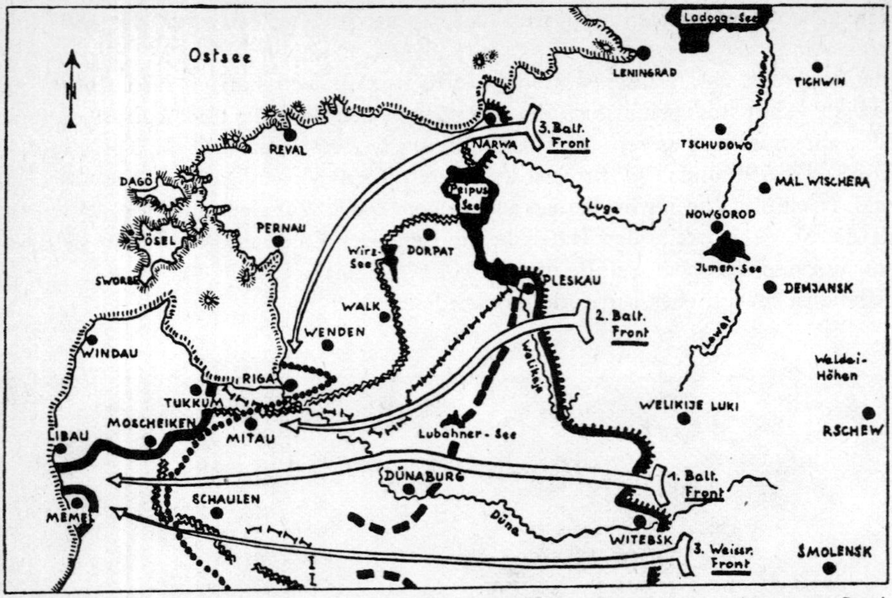

FRONT DER HEERESGRUPPE NORD
Juni - Oktober 1944

Frontlagen: Juni, Juli, August, Mitte September, Ende September, Oktober — sowj. Stossrichtungen

sich südlich Birsen besonders aus, ebenso die Heeres-Sturmgeschütz-Brigade 912 unter Hauptmann Karstens. Hauptmann Engelmann, Chef der 1. Batterie, schießt abermals 17 Panzer ab.

Die 2. Baltische Front gelangt mit mehr als 20 Divisionen von Osten her südwestlich an Riga vorbei. Die Sowjets stehen am 1. 8. bei Tukkum an der freien See! Die lettische Bevölkerung dieses kleinen Ortes wird zum ersten Mal von Raub, Plünderungen und Vergewaltigungen heimgesucht.

Die Armee bildet die Korpsgruppe Wegener (L., X. A.K. und VI. SS-K.). Doch die ausgebluteten Regimenter können nicht verhindern, daß sowjetische Panzer von Becaune in die bewaldete Hügellandschaft bei Ergli vordringen. Das X. A.K. wird von der übrigen Front abgetrennt. Seine 23., 24. und 32. I.D. setzen trotz Munitionsmangel und ohne Reserven zum Gegenstoß an, erobern Ergli zurück, wobei sich später die 329. I.D. besonders bewährt.

Die breite Lücke, die bei Tukkum zwischen den beiden Heeresgruppen klafft, soll wieder geschlossen werden. Hierzu führt die 3. Panzerarmee Mitte August mit ihren beiden Korps den Angriff. Das XXXIX. P.K. (4., 5. und 12. P.D.) greift von Schagarren nach Osten an und erobert am 24. 8. mit der 4. P.D. und Pz. Gren. Div. "Großdeutschland" Autz. Das XXXX. P.K. bleibt nach sechs Tagen bei Schaulen stecken. Die Gruppe unter Führung des Generals Graf Strachwitz erreicht am 20. 8.

Tukkum und damit die vordersten Spitzen der 16. Armee. Es ist die erst vor vier Wochen aufgestellte SS-Pz.Brig. Groß. Der Panzerverband wird von See her durch das gut gezielte Feuer des Schweren Kreuzers "Prinz Eugen" hervorragend unterstützt. Die Schiffsartillerie hat über 25 Kilometer hinweg Maßarbeit geleistet und verzeichnet eine Wirkung von 80 Prozent Volltreffer.
Die lettische Hauptstadt Riga liegt seit Anfang August im Bereich des unaufhörlichen Frontgedröhns. Lastwagenkolonnen durchfahren die Straßen, Flüchtlingstrecks mit Fuhrwerken, Handkarren und brüllendem Vieh ziehen Tag und Nacht durch die Häuserviertel, MG-Stellungen und Schützenlöcher entstehen in den Vororten und mehr und mehr heulen russische Flugzeuge über den Dächern.

Sowjetische Schützen- und Panzerverbände im Angriff gegen ein estnisches Dorf, August 1944.

Frühzeitig aufbrausende Herbststürme, anhaltende Regenfälle, kühles Wetter, dreckiger Schlamm und grundloser Morast sind die Boten des Septembers. Die Front verläuft am Monatsanfang von Narwa zur Nordwestküste des Peipussees, nördlich Dorpat vorbei zum Wirz-See, von hier stößt sie nach Südosten über Walk bis Schwanenburg vor und biegt daraufhin nördlich Jakobstadt nach Mitau hin. Eine schmale Landverbindung zur 3. Panzerarmee existiert bei Tukkum. Das XXXIX. P.K. greift mit 4., 7. P.D. und Pz. Gren. D. "Großdeutschland" bei Doblen an, muß aber am 20. 9. zur Verteidigung übergehen.
Die Sowjets drängen ununterbrochen weiter. Sie führen von Norden her eine neue Armee mit schier unerschöpflichen Reserven an Panzern, Artillerie und Schlachtfliegern heran. Ihre Offensive zielt konzentrisch von Norden und Osten auf Riga.
Am 13. September entbrennen südlich des Wirz-Sees im Raum von Walk die heftigsten Kämpfe, die das XXVIII. A.K. in diesen Monaten durchzustehen hat. Das Korps muß gegen weit überlegenen Feind die Stellungen halten, um dem II. A.K. ein Aus-

Generalmajor Graf Strachwitz führt die motorisierte Kampfgruppe, die die Verbindung der abgeschnittenen Heeresgruppe mit dem Reich herstellt.

Während Soldaten Seite an Seite mit den lettischen und litauischen Bauern das Korn einfahren, halten unterdessen Kameraden in den provisorisch aufgeschütteten Splitterschutzgräben Wache.

weichen nach Lettland zu ermöglichen. Dreizehn feindliche Divisionen rennen mit unvorstellbarer Wucht bei Walk an. Die Truppe schließt sich in den dichten Wäldern igelförmig zusammen, um sich nach allen Richtungen gegen den durchgesickerten Feind zur Wehr zu setzen. Die von beiden Seiten verbissen geführten Waldkämpfe fügen den deutschen Bataillonen hohe Verluste zu. Überall macht sich der Ausfall von bewährten Offizieren bemerkbar. Das Loslösen aus der gegnerischen Umklammerung oder von scharf nachdrängenden Schützen gelingt in der Regel erst in der Dunkelheit. Die Truppe kommt Tag und Nacht nicht zur Ruhe. Tagsüber sind Grenadiere, Pioniere, Nachrichten- und Nachschubleute im Kampf und nachts marschieren sie, bauen Fernsprechleitungen ab, schanzen rückwärtige Stellungen, fahren Lkws und Panjewagen durch Schlamm oder verfilzten Wald; die Ärzte und Sanitäter sind 24 Stunden auf den Beinen!
Das Oberkommando entschließt sich in Anbetracht der schwierigen Situation, in die die 18. Armee gekommen ist, die "Schwanenburgstellung" aufzugeben und die Truppen weiter in den Raum um Riga zurückzunehmen. So lösen sich die Divisionen vom 18. 9. an aus den Linien zwischen Pernau–Walk–Schwanenburg. Die ostpreußische 21. I.D. verhindert durch heldenhaften Einsatz ihrer zersplitterten Kampfgruppen am 21. 9. das Auseinanderreißen der Front an der Nahtstelle zwischen 16. und 18. Armee. Bei Wolmar fällt in diesen Tagen der Kommandierende General des hart angeschlagenen L. (50.) A.K., General der Infanterie Wegener. Die Truppen kämpfen sich unter andauernden Gefechten auf die "Wendenstellung" zurück. Ihr Name ist abgeleitet von dem kleinen Ort Wenden, 75 Kilometer nordostwärts von Riga. Hier hatte einst der Hochmeister des Ordensstaates seinen Sitz.

Vor dem Hauptquartier des Heeresgruppenkommandos in Segewold. Rechts: Generaloberst Schörner, Mitte: General der Infanterie Boege (O.B. der 18. Armee), links: Generalleutnant Thomaschki (Kommandierender General X. Armeekorps).

Die deutschen Regimenter sind im August 1944 wieder in das alte "Ordensland" zurückgekehrt, das sie genau vor drei Jahren in einer kühnen Offensive eroberten. Städte, Dörfer und Häuser, die bisher der Krieg verschonte, versinken jetzt unter dem Hagel der russischen Bomben und Granaten. Ein deutscher Stoßtrupp (Bild oben) rückt durch die ehemalige Gebietshauptstadt Mitau nach vorn.

Die in Lettland fechtende 16. Armee wird in diesen Tagen von einem schweren Verlust betroffen. Ihr Oberbefehlshaber, General der Infanterie Laux, fällt bei einem Frontflug. Seine Nachfolge übernimmt der bisherige Kommandierende General des I. Armeekorps, General der Infanterie Hilpert.
Von den einstigen Orten des Baltikums zeigen im Sommer 1944 nur noch wenige menschliches Leben in ihren Mauern. Die Bevölkerung ist zum großen Teil geflüchtet und die Zurückgebliebenen (Bild unten) versuchen – wie hier in einer Kleinstadt bei Libau – ihre letzte Habe vor Bomben und Granaten zu retten.

Alte bewährte Divisionen des Nordabschnittes sind es, die am 25. 9. das Gebiet zwischen Lemsal, Wenden und Nitaure erreichen. Von links nach rechts liegen die 563. I.D., 12. Lw. F.D., 61. I.D., SS-D. "Nederland", 31., 227. I.D., 21. Lw. F.D., 83. I.D., 19. lettische SS-D., 126., 122., 329. und 121 I.D. Die Männer dieser Verbände kommen aus allen Teilen des Reiches. Es sind Ostpreußen, Hannoveraner, Westfalen, Norddeutsche, Pommern, die mit Dänen, Norwegern und Letten dies wellige, waldreiche Gelände verteidigen.
Im Rücken dieser Einheiten wird fieberhaft von Nachschubdiensten, von Baubataillonen, von Abteilungen der "Organisation Todt" und von einheimischen Freiwilligen an der "Segewold-Stellung" gearbeitet. Diese neue Linie beginnt nördlich von Riga am Meer, biegt scharf nach Osten bis Segewold ab und schwenkt nordwestlich nach Mitau ein. Die 18. Armee rückt vom 27. 9. an in diese Stellung ein und verwehrt noch länger als zwei Wochen den nachrückenden feindlichen Schützendivisionen und Panzerbrigaden den Zutritt zur lettischen Hauptstadt.
Die 18. Armee hat im September die östlichen und nördlichen Teile Lettlands geräumt. Die Armee ist auf die "Segewold-Stellung" zurückgegangen, die in einem weiten Bogen Riga umschließt und nordostwärts Mitau die Düna erreicht. Das Heeresgruppenkommando plant die Aufgabe dieses Raumes. Mitte September werden bereits alle rückwärtigen Dienste nach Kurland verlegt und bis Anfang Oktober ist die 18. Armee bis dicht ostwärts Riga gelangt.
Die 16. Armee verteidigt immer noch die 175 Kilometer lange Front südlich der lettischen Hauptstadt. Die benachberte 3. Panzerarmee ist der Heeresgruppe Nord in der Zeit vom 21. 9. bis 11. 10. unterstellt. Damit hat sich das Operationsgebiet bis in Höhe der Memel ausgedehnt. Die deutsche Front kann Ende September für wenige Tage, die die Sowjets zu Umgruppierungen benutzen, aufatmen. Es sind Tage der "Ruhe vor dem Sturm".
Die Südfront der Heeresgruppe findet ebenfalls Anschluß an die "Segewold-Stellung", nachdem sich ihr Gegenstoß im Raum Tukkum–Mitau–Doblen festgelaufen hat. Die Sowjetes beginnen zur selben Zeit wie bei Walk einen Großangriff mit 18 Schützendivisionen und fünf Panzerbrigaden westlich Modohn. Hier werden das X. und L. deutsche A.K. schon in den ersten Tagen schwer angeschlagen. Das russische V. P.K. dringt im Anlauf bis in die Artilleriestellungen der 132. I.D. ein und die russische 117. Pz.-Brigade zerschlägt mit 190 Panzern die 131. I.D. Ein sofort angesetzter Gegenangriff der 12. P.D. und der "Tiger"-Abt. 505 (nur fünf "Tiger"-Panzer!) bereinigt die Lage. Bei Bauske überstehen die 215. und 290. I.D. schwerste Kämpfe. Doch müssen am 16. 9. auch hier die deutschen Divisionen weichen.

Da greift nun auch das III. sowjetische Gardekorps zwischen den Flüssen Misa und Kekava an. Eine Regimentsgruppe der 205. I.D. wird vorübergehend eingeschlossen, kann aber den Anschluß zur 215. I.D. und damit an das XXXXIII. A.K. finden! Alarmeinheiten des I. A.K. bilden einen Brückenkopf bei Kekava an der Düna und ernöglichen den Einsatz von Reserven.

Hier stehen von links nach rechts: 389., 225., 58., 215., 205. I.D.
Von Ergli rückt die sächsische 14. P.D. heran. Sie ist eine neuaufgefrischte Division, die erst Mitte August von der Ukraine nach Ostpreußen kam. Die wenigen Panzer und die Grenadiere der Regimenter 103 und 108 greifen ungeachtet erheblicher Verluste den Feind an. Doch werden sie gezwungen, nach allen Seiten fechtend, das gewonnene Gelände aufzugeben. Vom 22. 9. an treten die SS-D. "Nordland" und die 225., sowie Teile der 11. I.D. in die blutigen Gefechte ein. Das Schlachtfeld ostwärts der Baldone-Höhen zeigt noch die vernarbten Gräben, vermoderten Knüppeldämme und einsamen Heldenfriedhöfe aus dem Ersten Weltkrieg. Das III. SS-Pz.Korps übernimmt in diesem Gebiet den Befehl, denn die 14. P.D. ist bereits herausgezogen und eilt als "Feuerwehr" (dieser Name bleibt ihr bis zum bitteren Ende) an einem neuen gefährdeten Abschnitt.

Die 18. Armee meldet in ihrem Kampfbericht:

> "In der seit 14. 9. dauernden Abwehrschlacht hat die Armee gegen fast 70 russische Schützendivisionen, zwei Panzerkorps und zahlreiche selbständige Panzerverbände gestanden. In den Kämpfen wurden 622 Feindpanzer vernichtet. Der Schwerpunkt der Kämpfe der Heeresgruppe lag in dem Kampfraum Modohn. Durch die schweren Verluste können zehn von den 18 deutschen Divisionen der Armee nur noch als Kampfgruppen geführt werden."

Als sich der Monat September dem Ende zuneigt, stehen die Divisionen noch in der "Segewold-Stellung", aber ihre Kampfkraft ist so geschwächt, daß sie kaum mehr in der Lage sind, eine weitere Großoffensive der Sowjets abzuwehren. Genesende und frischer Ersatz treffen zwar aus der Heimat ein. In Riga und Libau gehen die Nachschubdampfer wie immer vor Anker, aber die entstandenen Lücken können nicht gestopft werden. Kriegsmarine und Luftwaffe müssen an das Heer Personal abgeben. Viele Feldwebel und Unteroffiziere sind darunter, die aber mangels jeder infanteristischen Ausbildung vorerst in Schützengruppen ihre Einteilung finden. Die Spezialisten, wie Musiker, Maschinisten oder Flieger erfüllen teils mit soldatischem Gleichmut, teils mit Passion ihre neue Aufgabe. Die Männer befinden sich in guter körperlicher Verfassung, versagen aber oft bei den ungewohnten langen Fußmärschen. Es vergehen einige Wochen, ehe sie als vollwertige Frontsoldaten ihre Pflichten tun.
Die lettische Bevölkerung hilft den deutschen Truppen so gut wie sie es vermag. Bauer und Bürger fassen zu Spaten und Schaufeln und schanzen Gräben und Stellungen. Sie greifen zu ihrem Gepäck und gehen auf die Flucht, sobald die Russen nahen. Ende September und Anfang Oktober wälzt sich ein Strom von Trossen des weichenden Heeres, untermischt mit flüchtenden Esten und Letten, durch

Eine Kampfgruppe ostpreußischer Soldaten beim Rückzug auf Riga, Anfang Oktober 1944.

Riga. Über die große Dünabrücke rollen Panjewagen und Lkws, trotten Männer, Frauen und Kinder und zieht blökend und grunzend das mitgeführte Vieh. Strömender Regen und windig aufgerissener Himmel können diese Kolonnen weder aufhalten noch zur Umkehr zwingen.
Der Stab der Heeresgruppe bereitet das Unternehmen "Donner" vor, das die endgültige Rücknahme der deutschen Truppen nach Kurland zum Inhalt hat. Generalmajor von Natzmer unterzeichnet Anfang Oktober den entsprechenden Befehl.

Okdo. H.-Gr. Nord — H. Qu., 4. 10. 1944

Chefsache

Nur d. Offizier

Betr.: Bewegung "Donner".

1. H.-Gr. nimmt, am 5. 10. abends beginnend, in der Bewegung "Donner" den linken Flügel der 16. Armee und die 18. Armee auf die Riga-Ost-Stellung zurück, die am 13. 10. morgens erreicht wird.

2. Die Riga-Ost-Stellung ist durch die 16. Armee mit einer Division, durch 18. Armee mit sechs Divisionen zu besetzen.
3. Im Zuge der Bewegung "Donner" sind durch 16. Armee vier Divisionen durch 18. Armee zwei Generalkommandos und neun Divisionen freizumachen, deren Verwendung wie folgt vorgesehen ist:
   a) Die freiwerdenden Generalkommandos und Divisionen fließen ab 7. 10. nach besonderem Befehl der Heeresgruppe durch die Enge Riga–Schlock nach Westen ab und zwar voraussichtlich täglich zwei Divisionen. Die freiwerdenden Heerestruppen werden in diese Bewegung eingegliedert.
   b) . . .
   c) Von den zwei Gen.-Kdos. und zehn Div. unter a) werden ein Gen.-Kdo. und die vordersten vier Div. der Armeeabteilung Grasser zur Ablösung des XXXIX. Pz.-Korps, der 4. und 12. Pz.-Div. zugeführt. Je nach Feindlage wird mit diesen Kräften auch das III. SS-Pz.-Korps herauszulösen sein. Ein Gen.-Kdo. und sechs Div. sind für die 3. Pz.-Armee bestimmt, wovon zwei Div. zur Verstärkung der jetzigen Front einzuschieben sind, die Masse mit allen Panzerdivisonen nach besonderer Weisung zu versammeln ist.
4. . . .
5. . . .

Für das Oberkommando der H.-Gr. Nord
Der Chef des Generalstabes
von Natzmer
Generalmajor

Noch aber kann dieser Befehl keine Ausführung erfahren, denn die sowjetischen Armeen drängen mit aller Macht durch Litauen zur See. Deshalb wird auch immer wieder die Südfront in den Strudel der Ereignisse hineingerissen. Die Russen erreichen mit 29 Schützendivisionen und acht Panzerbrigaden den Raum Schaulen–Moscheiken, und zwischen Skuodas und Preekuln greifen Teile ihrer 6. Gardearmee und 51. Armee mit fünf Panzerbrigaden und 31 Schützendivisionen an. Das deutsche X. A.K. hält in einem lückenhaften Abwehrriegel den feindlichen Vorstoß auf und bildet nach acht Tagen erbitterter Kämpfe mit der 11., 31. I.D. und der 7. P.D. eine neue Front. Hierbei geht der Zusammenhalt zur 3. Panzerarmee endgültig verloren! Schnelle Verbände der sowjetischen 51. Armee treten Mitte Oktober in Höhe des kleinen Hafens Polangen nördlich Memel an der Ostsee auf! Damit ist die Heeresgruppe Nord für immer von der Landverbindung mit der Heimat abgeschnitten.

Die Baltischen Inseln im Rigaer Meerbusen scheinen abseits von diesem Geschehen ein Eigenleben zu führen, bis auch sie in den Umbruch der Geschichte hineingezogen und von Ende September bis Ende November noch umkämpft werden, wenn die Heeresgruppe bereits in Kurland steht.

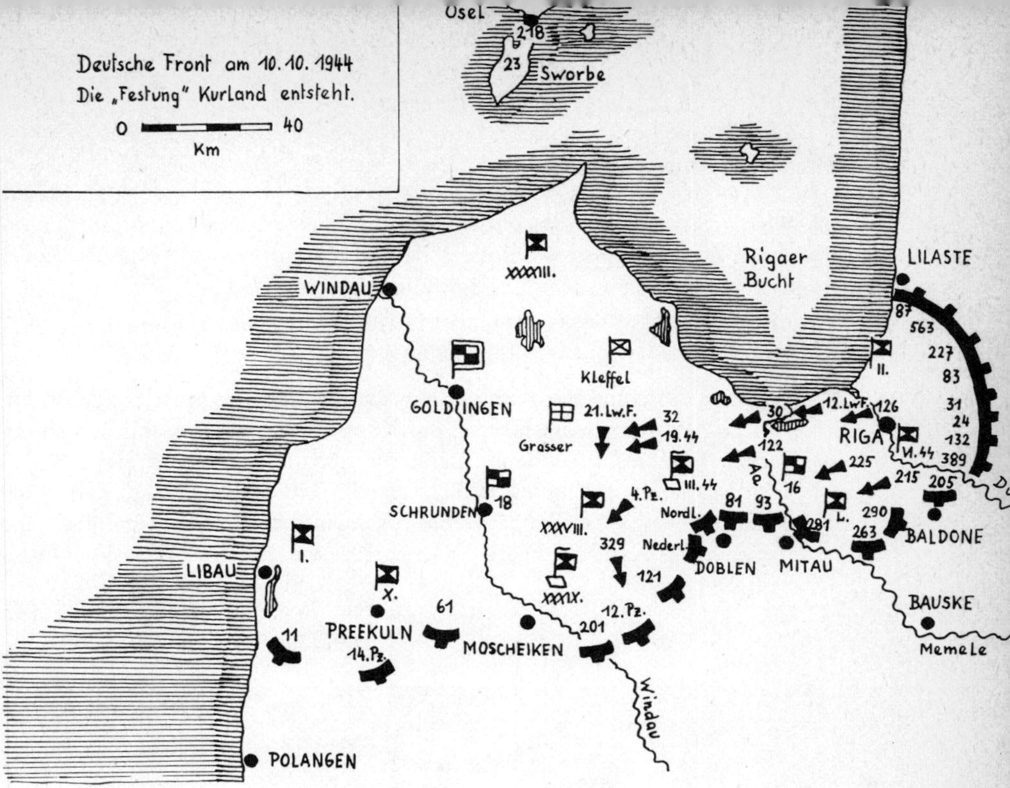

Die Sowjets besetzen am 29. 9. die Insel Moon. Die deutschen Einheiten ziehen sich nach Ösel zurück. Die 23. I.D., besonders G.R. 67 unter Oberst Graf zu Eulenburg, trägt die Hauptlast des Kampfes, bis am 1. 10. Teile der 218. I.D. zur Unterstützung an Land gehen. Dagö wird am 3. 10. geräumt, und zwei Tage später landet das neuaufgestellte VIII. estnische Korps der 8. Sowjetarmee mit Panzern auf Ösel. Nach dem Verlust der Hauptstadt Arensburg behaupten sich die Truppen, die am 23. 10. von Teilen der 12. Lw.-F.D. und 215. I.D. verstärkt worden sind, noch einen vollen Monat gegen die Unzahl von Panzern, Schlachtfliegern und schwerer Artillerie.

Der Schulverband Ostsee der Kriegsmarine unter Vizeadmiral Thiele greift mit Schweren Kreuzern, Torpedobooten und Zerstörern in die Gefechte ein und gibt den Grenadieren wirkungsvollen Feuerschutz. Als am 18. 11. der russische Großangriff auf der Halbinsel Sworbe losbricht, helfen die Panzerschiffe "Admiral Scheer" und "Lützow" sowie die Schweren Kreuzer "Prinz Eugen" und "Admiral Hipper" mit ihren 28 cm- und 20,3 cm-Geschützen.
Die 1. Batterie der Sturmgeschütz-Brigade 202 unter Oblt. Brand zeichnet sich durch verbissene Gegenstöße immer wieder aus. Doch der Durchbruch durch den "Ranna-" und "Leo-Riegel" ist nicht aufzuhalten.

Gen.Oberst Schörner befiehlt daher – im Gegensatz zum ausdrücklichen Verbot Hitlers! – die Räumung der Halbinsel. Die Landungspioniere des Gen.Majors Henke sind hierbei mit 40 Booten eingesetzt. Die 9. Marinesicherungsdivision bringt am 23. 11. 1944 die letzten 4.491 Verteidiger der Halbinsel Sworbe auf 19 Fährprähmen nach Windau. Bis zuletzt hatten zwei Sturmgeschütze bei der Infanterie ausgehalten. Während dieser Kämpfe versenkten deutsche Schiffe zehn Torpedo- , zwei Kanonenboote und ein Minensuchschiff der Sowjets.

Der Chef des Generalstabes des Heers sendet in Würdigung dieser Waffenbrüderschaft an Großadmiral Dönitz das folgende Telegramm:

> "Nach Abschluß des Kampfes auf Sworbe drängt es mich, Sie zu bitten, allen beteiligten Angehörigen der Kriegsmarine meinen und des gesamten Ostheeres besonderen Dank für hervorragende und vielfach aufopfernde Unterstützung zu übermitteln. Ich bin überzeugt, daß dieser sehr schwere gemeinsame Kampf gegen eine erdrückende Übermacht die Bande der Kameradschaft zwischen Kriegsmarine und Heer noch fester geknüpft hat.
>
> In treuer Verbundenheit Ihr ergebener
> Guderian, Generaloberst."

Schwerer Kreuzer "PRINZ EUGEN". Seine Salven brachten den bedrängten Erdtruppen manche Entlastung. Auf der Brücke der Kommandant Kpt. z. S. Reinicke.

Das Unternehmen "Donner" – die Absetzbewegung aus der "Segewold-Stellung" – beginnt am 6. 10. 1944. Die Heeresgruppe hat hierfür eine schmale Landbrücke zwischen Riga und Schlock offengehalten, die 45 Kilometer lang und sechs Kilometer breit ist. Alle marschierenden und fahrenden Verbände müssen innerhalb dieses engen "Schlauches" die Düna und die Aa überwinden. Für die Leitung dieser Operation, bei der sich die 18. Armee hinter dem Rücken der 16. Armee vorbei nach Kurland bewegen wird, ist Generalmajor Frankewitz, Kommandeur der 215. I.D., verantwortlich. 1.083 Offiziere, Unteroffiziere und Mannschaften sind ihm als Ordnungs- und Verkehrspersonal unterstellt. Täglich ziehen zwei Divisionen durch die Landenge, die seit Anfang Oktober unter direktem feindlichen Artilleriebeschuß leidet.

Riga – einst Hauptsitz des Deutschen Ritterordens – und jetzt nicht nur Hauptstadt des deutschen Reichskommissariats Ostland, sondern immerhin das Wahrzeichen Europas im baltischen Raum – wird schon im August 1944 Frontstadt. Die markante Silhouette der Stadt (Bild oben) ist inzwischen längst durch Feuerbrünste beschädigt; wenn auch die Wasser der Düna nach wie vor ihren Weg zur See nehmen, als wenn menschliches Leid der göttlichen Natur nichts bedeuteten.

Ein Bericht aus jener Zeit meldet:
"Riga bietet in diesen Tagen das Bild einer sterbenden Stadt. Die Verkehrsmittel liegen lahm, Büros und Geschäfte sind geschlossen, die Bevölkerung bereitet sich zur

Flucht vor oder wartet mit Apathie auf ihr ferneres Schicksal. Häuser und Kirchen gehen in Flammen auf. Das hungernde Vieh verreckt in den Straßen, durch die sich die feldgrauen Kolonnen wühlen . . . ”

Eine Behelfsbrücke ist am 5. 10. neben den zwei steinernen Brücken gebaut, um den Ansturm der marschierenden oder fahrenden Verbände zu bewältigen. 40 Fähren der Kriegsmarine, der Heerespioniere und privater Firmen sind außerdem zwischen den beiden Flußufern unterwegs. 29 Divisionen, zwei selbständige Brigaden, 190 Flakbatterien, 28 Heeresartillerieabteilungen, 68 Pionierbataillone und die zivilen Dienststellen des Reichskommissariats Ostland mit insgesamt 111.007 Fahrzeugen aller Art werden vom 23. 9. bis 13. 10. 1944 über die Dünabrücken geschleust, ganz zuletzt die Geschütze der Heeres-Sturmgeschützbrigade 393 unter Hauptmann Barths.

Kalt und finster naht der Morgen des 13. Oktober, als um 5.00 Uhr der leitende Pionieroffizier auf den Zündknopf drückt, der die Sprengung der großen Dünabrücke in Riga einleitet. Unter einer gewaltigen Feuergarbe stürzt mit ungeheurem Krach die Brücke in die rauschenden Fluten der Düna. Das Unternehmen ”Donner” ist beendet. Die Geschichte der Heeresgruppe Nord ist ausgeklungen. Der letzte Einsatz der Heeresgruppe beginnt: Kurland.

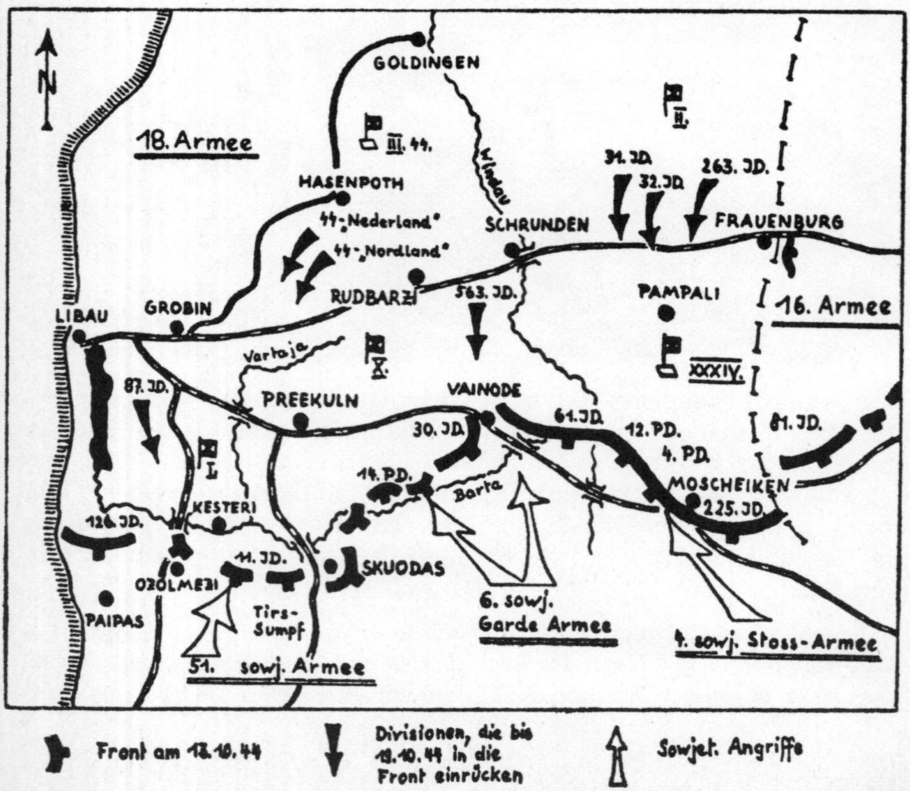

AUFBAU DER SÜDFRONT IN KURLAND

Das Oberkommando der "Roten Armee" erkennt im Oktober 1944 die günstige Situation, die mit dem Durchbruch zur Ostsee entstanden ist. Das erste Fernziel im nördlichen Frontabschnitt konnte erreicht werden: Die Heeresgruppe Nord hatte jede Verbindung mit den anderen deutschen Großverbänden verloren. Damit scheint ihr Schicksal im Oktober besiegelt! Es bleibt nun die Aufgabe der vier russischen Heeresgruppen, die eingeschlossenen zwei deutschen Armeen und die Armeegruppe Grasser endgültig zu vernichten.
Damit beginnt der Kampf um die "Festung Kurland", der sich nach sechs gewaltigen Schlachten bis zur Kapitulation im Mai 1945 hinziehen soll. Die "Rote Armee" kann in den folgenden acht Monaten weder die erstrebten Häfen Windau und Libau erobern, noch die einzelnen deutschen Kräftegruppen zerschlagen oder deren Widerstandswillen bezwingen.
Diese Tatsache schlägt sich sogar in dem offiziellen Werk der "Roten Armee" nieder, das über diese sechs Schlachten nur die lapidaren Worte gebraucht:
"Die Heeresgruppe Nord (ab Januar 1945 in Heeresgruppe Kurland umbenannt) blieb bis Kriegsende auf der Halbinsel eingeschlossen und stellte ihren Widerstand erst mit der Kapitulation der faschistischen Wehrmacht im Mai 1945 ein."
Die Gliederung der Heeresgruppe Nord zeigt bei Beginn ihrer Einschließung am 13. Oktober 1944 das folgende Bild:

Heeresgruppenkommando

Reserven:

III. SS-Pz.K. mit	11. SS-Pz.-Gren.D. "Nordland", 20. SS-Gren.D.,4. SS-Pz.Gren.Br. "Nederlande", Feldausbildungs-D. Nord.

Armeeoberkommando 16

Reserven:	24., 87., 132., 263. I.D., 31. Volks-Gren.D., Div. zbV. 300.
II. A.K. mit	227., 563. I.D.
XXXXIII. A.K. mit	23., 83., 218. I.D., 207., 390. Sich.D., 12. Luftw. F.D.
L. A.K. mit	290. I.D., 281. Sich.D.
VI. SS-K. mit	205., 215., 389. I.D.
Korps-Gr. Kleffel mit	19. SS-Gren.D.

Armeeoberkommando 18

I. A.K. mit	11., 126. I.D.
X. A.K. mit	30. I.D., 14. P.D.
XXXIX. Pz.K. mit	61., 225. I.D., 4. und 12. Pz.D.

Armee-Abteilung Grasser

XXXVIII. A.K. mit	32., 81., 121., 122. I.D., 201. Sich.D., 21. Luftw.F.D.

Der Auftrag dieser deutschen Korps und Division wird durch einen Befehl des Heeresgruppenkommandos klar umrissen. Dieser lautet:

> ”Der Führer hat befohlen, daß Kurland gehalten und in der jetzigen Hauptkampflinie zunächst zur Verteidigung übergegangen wird. Unsere Aufgabe ist es, jetzt erst recht, keinen Fußbreit des von uns gehaltenen Gebietes aufzugeben, die uns gegenüberliegenden 150 Feindverbände zu fesseln, sie zu schlagen, wo immer sich eine Gelegenheit dazu bietet und damit die Verteidigung der Heimat zu erleichtern.
> Sofort sind alle Mittel restlos auszuschöpfen, um unsere Abwehr zu verstärken. Es muß eine Tiefe des Hauptkampffeldes entstehen, die unüberwindlich ist. Hierzu heißt es bauen, bauen und nochmals bauen . . . !”

Dieser Auftrag bedeutet, daß die Heeresgruppe Nord ihre Front in Kurland zu verteidigen hat, nachdem jeder geplanter Durchbruchsversuch nicht nur von höchster Stelle untersagt wird, sondern nach der Situation auch unmöglich ist. Die zwischen der Heeresgruppe und Ostpreußen stehenden Feindkräfte sind so stark, daß ein Durchbruch nach Süden keinen Erfolg zeigen würde.
Es bleibt Schicksal der Heeresgruppe, in Kurland zu kämpfen und zu sterben!

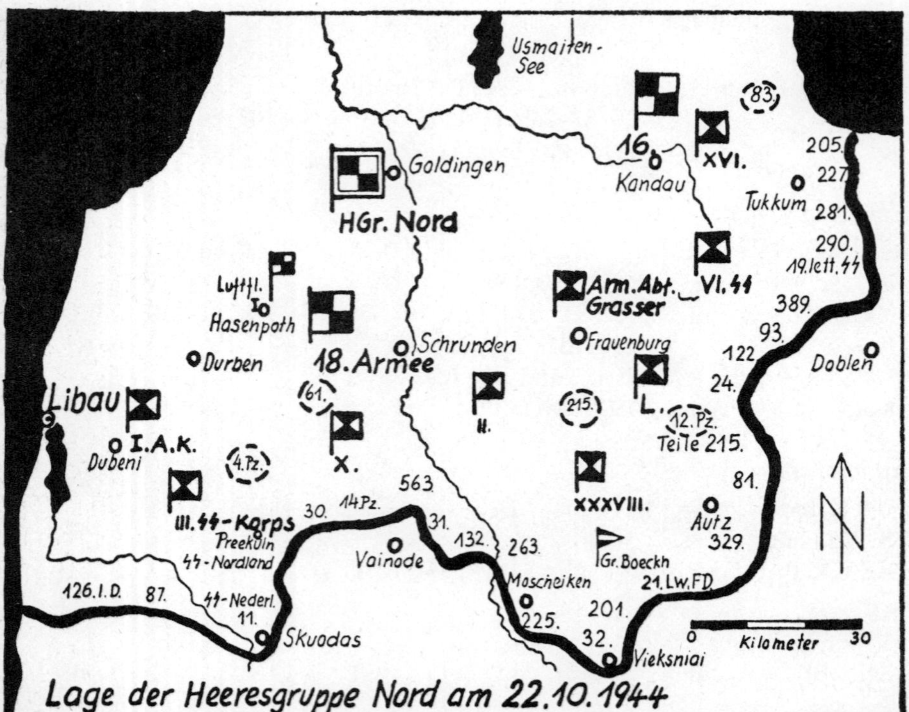

Lage der Heeresgruppe Nord am 22.10.1944

Am Beginn der Schlacht um Kurland steht Elend, Tod und Leid. Ein deutscher Verwundeter wird von seinen Kameraden und einem lettischen Bauern in Sicherheit gebracht.

DER "BRÜCKENKOPF"

Die ersten Schlachten
Oktober – November 1944

Die Divisionen der Heeresgruppe Nord, die seit dreiundeinviertel Jahren fast ohne Ablösung und ohne ausreichende Reserven an der Front stehen, sind nun in ein Gebiet zurückgekehrt, das nicht nur ihrem Endkampf den Namen gibt, sondern das die Krönung ihres Einsatzes bildet. Wenn in den späteren und unglückseligen Maitagen des nächsten Jahres die ferne Heimat unter Feuer und Tod zusammenbricht, halten die Soldaten aus Ostpreußen und Pommern, aus Schlesien und Sachsen, aus Schleswig-Holstein und Norwegen, aus Holland, Estland oder woher sie überall kommen mögen, noch ungebrochen und unbesiegt ihre Stellungen in Kurland.
Das Land ist der westliche Teil der ehemaligen Republik Lettland und wird umgrenzt vom Rigaischen Meerbusen, der Ostsee zwischen Memel und Kap Domesnäs, von Litauen und Semgallen. Der Raum umfaßt eine Fläche von 14.208 Quadratkilometern und bietet am Ende des Jahres 1944 Platz für 230.000 Einwohner, für weitere 150.000 Flüchtlinge aus Livland und den anderen Provinzen das Baltikums sowie für die Soldaten der 16. und 18. Armee.
Kurland ist in seiner geographischen Struktur ein Übergangsgebiet zwischen Mittel- und Nordeuropa, zwischen West- und Osteuropa. Von der Ostsee her erstreckt sich eine gradlinige Flachküste, zu der parallel eine Kette von Sandbänken läuft, an die ausgedehnte Niederungen in das hügelige Land führen. Wälder und Hügel, Seen und kleine Flüsse sind das Kennzeichen dieses Gebietes, in dem 76 Orte (davon 13 Städte) ein Abbild des lang vergangenen Friedens zu geben scheinen.
Ein Kaleidoskop von bunten Bildern bietet sich hier dem Beschauer. Berge und Täler werden von lockeren Waldgruppen eingefaßt, in denen sich Kiefern, Fichten, Eichen, Linden, Ulmen und Eschen versammeln. Dazwischen erstrecken sich Heideflächen, Gehölze und saftige Wiesen. Sumpfige Moore mit Schwarzerlen, Weiden und Birken liegen in den Mündungsgebieten der Flüsse. Die anmutige Landschaft der Moränenhügel und das Windau-Abautal zwischen Kandau und Zabeln trägt den Namen "Kurländische Schweiz".
Die Flüsse nehmen ihren Weg von Südosten nach Nordwesten. Sie erreichen zwar nicht die Bedeutung der durch ihr tief eingeschnittenes Engtal fließenden Düna, aber die Windau und die Kurische Aa sind mit kleineren Schiffen befahrbar, und auf den zahlreichen Zuflüssen ist noch die Holzflößung möglich. Die beiden Häfen Libau und Windau sind das ganze Jahr über eisfrei.
Die zweite und wichtigste Verkehrsader des Landes ist die Eisenbahn. Die Schienenstrecken verlaufen vorwiegend ostwestlich und halten die Verbindung über Riga-Dünaburg-Witebsk mit Moskau aufrecht. Die Linie nach Deutschland führt von Riga über Mitau, Schaulen und Kowno.

Kurland eignet sich infolge seines fruchtbaren Bodens und günstigen Klimas gut für Land- und Forstwirtschaft sowie für Viehzucht. Die Bevölkerung arbeitet zu 65 Prozent in der Landwirtschaft und baut Roggen, Gerste, Hafer, Kartoffeln und Flachs für den eigenen Bedarf an. Rinder, Schafe und Schweine werden als Arbeits- und Zuchttiere gepflegt. Die Menschen leben bescheiden in ihren hölzernen Häusern mit dem großen Vorratsraum, der Badestube und den Ställen; die Keller der Gehöfte sind oft in die Erde gebaut. Die kleineren Güter stehen entweder als Einzelsiedlungen oder haben sich zu Straßendörfern zusammengefaßt. Die weniger gut befahrbaren Straßen ermöglichen einen Verkehr mehr mit Fuhrwerken als mit Kraftfahrzeugen.
So macht sich auf dem Land ein typisch-ostischer Einschlag bemerkbar, während die Herrenhäuser und besonders die Städte ihren deutschen Charakter nicht verleugnen. Diese größeren Orte zeigen mit ihren Kirchen, mit den Rat-, Gilde- und Bürgerhäusern im Stil der Backsteingotik oder des niedersächsischen Barock ein Bild des deutschen Mittelalters.

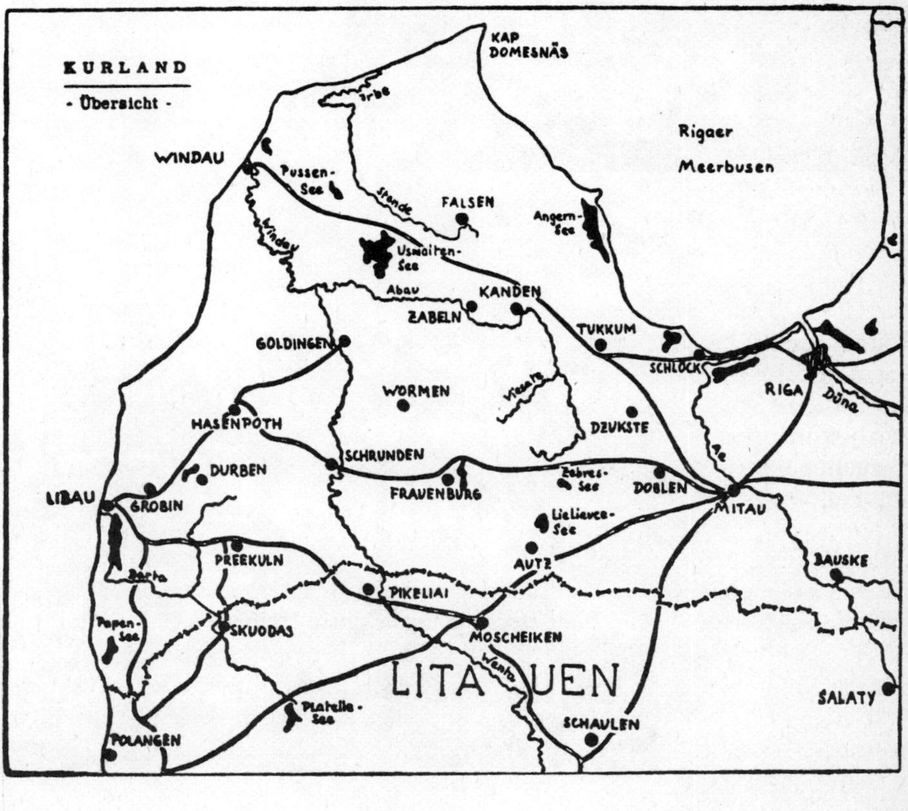

Der Anblick dieser sauberen Städte und Dörfer und der an die Heimat erinnernden Landschaft lindert die Anstrengungen und Entbehrungen der zurückliegenden Strapazen und Kämpfe der Frontsoldaten. Die Divisionen der Heeresgruppe haben nun den Boden erreicht, der seit Jahrhunderten eng mit der Geschichte des deutschen Volkes verbunden ist. Das Blut, das hier noch bis zum Ende des Krieges vergossen wird, setzt die Kette fort, die von den Rittern des "Deutschen Ordens" geknüpft wurde.

Das malerische Tukkum, Schauplatz schwerer Schlachten vom August 1944 bis Mai 1945.

Ruine des Ordensschlosses Hasenpoth, Zeuge der historischen Vergangenheit des Landes.

Brücke über die Windau in Goldingen.

Die deutschen Armeen liegen seit Mitte Oktober 1944 in einem Gebiet, dessen Name für immer mit dem siebenmonatigen Kampf ihrer Soldaten verbunden bleibt. Die Heeresgruppe Nord, die sich später Heeresgruppe Kurland nennt, wird der einzige geschlossene Verband der deutschen Wehrmacht sein, den kein Feind in offener Schlacht besiegt. Erst die Kapitulation nimmt den tapferen Männern die Waffen aus der Hand!

Hitler besteht darauf, daß Kurland gehalten wird. Damit ist der Auftrag gegeben, der den Divisionen ihre festen Fronten zuweist. Diese verlaufen bei Beginn des Kessels Kurland – der eigentlich der vorderste "Brückenkopf" der deutschen Wehrmacht ist, da bis zum bitteren Ende die Ostsee die Verbindung mit der immer ferner und kleiner werdenden Heimat aufrecht hält – in der allgemeinen Richtung 30 Kilometer südlich Libau bis ostwärts Moscheiken und nördlich Tukkum.

Die Männer, die auf diesem Boden kämpfen, werden in den wenigen freien Kampfpausen öfter die Gedanken und Worte um den Sinn ihres Daseins kreisen lassen. Der einfache Schütze vorn an der Front, der Kommandeur in irgendeinem der baltischen Güter und der Stabsoffizier im Hauptquartier einer Armee fragen wohl sich und ihre Kameraden: " Wie wird's weitergehen?"

Die jeweiligen Oberbefehlshaber der Heeresgruppe reichen meist schon kurz nach der Übernahme ihres verantwortungsvollen Postens dem Oberkommando der Wehrmacht Pläne zur Rückführung der Armeen ein. Generaloberst Lindemann schlägt bereits nach Beginn der russischen Großoffensive ein Ausweichen bis zur Düna vor. Hitler verweigert diese Bitte mit dem Hinweis auf das kriegsmüde Finnland und setzt Generaloberst Friessner an die Stelle Lindemanns. Der neue Oberbefehlshaber geht in seinen Vorschlägen aber noch weiter und will mit den Armeen bis hinter die Memel. Damit würde die 3. Panzerarmee als Reserve für das Oberkommando des Heeres ausgeschieden. In der stürmischen Lagebesprechung am 9. Juli – an der neben Hitler Großadmiral Dönitz, Feldmarschall Model und die Generalobersten Friessner und Ritter von Greim teilnehmen – weist Hitler diesen Plan aus politischen und seestrategischen Gründen zurück.

Nun ist Generaloberst Schörner Oberbefehlshaber in Kurland, er will die Front auf der Linie verteidigen, wo sie im Oktober 1944 steht. Damit hat Hitler den für ihn richtigen Mann gefunden, den er als Gegenpol zu dem immer wieder mahnenden Chef des Generalstabes des Heeres braucht. Generaloberst Guderian stellt in Verwantwortung für die gesamte Ostfront bei jeder sich bietenden Gelegenheit den Antrag, die Heeresgruppe entweder nach Ostpreußen durchbrechen oder später über See abtransportieren zu lassen. Der Generaloberst möchte die kampferprobten Divisionen zum direkten Schutz der von Monat zu Monat stärker bedrohten Heimat einsetzen.

Hitler lehnt diese intensiven Vorstellungen in den Lagebesprechungen am 9., 16., 25. Oktober, am 11., 18., 20., 23., 26., 28. November, am 5., 12. Dezember und am 9., 18., 19., 20., 22., 28. Januar mit der stereotypen Bemerkung ab: "Die Heeresgruppe bleibt, wo sie ist. Ich rechne bald mit einer Änderung der Lage und brauche dann Kurland, um den Russen in die Flanke stoßen zu können!"

September 1944: Hauptquartier der Heeresgruppe in Segewold. Vordere Reihe von links nach rechts: General Bangerskis (lett. Regierungschef), General a. D. Dankers, Generaloberst Schörner.

Der Befehl der Heeresgruppe lautet: "Bauen und bauen!" Es ist eine Aufgabe für jeden Soldaten der Front und der rückwärtigen Dienste, die am besten von dem Wort gekennzeichnet wird: "Gräben sind besser als Gräber!" So wird in jeder freien Stunde, die der Gegner läßt, der Karabiner mit dem Spaten vertauscht. Nachdem der erste Herbstregen niedergeht, ist das Land in Schlamm verwandelt und der Bau fließt zäh – aber stetig.

Die 16. Armee hält noch mit ihren Divisionen die Front südlich der Düna nach Osten. Alle Durchbruchsversuche der Sowjets scheitern an der Tapferkeit der Soldaten, die nun schon seit Monaten in andauernden Rückzugsgefechten weder ihren Mut noch ihre Opferbereitschaft einbüßten. Die ausgebluteten Regimenter haben trotz fühlbarer Verluste noch Verbindung untereinander. Offiziere und Mannschaften wissen, daß ihr Aushalten es der 18. Armee ermöglicht, sich nach Kurland zurückzuziehen! Die rechte Flanke der Heeresgruppe liegt aber immer noch offen.
Das Oberkommando der Sowjets nutzt diese günstige Lage auch sofort aus. Drei Armeen schieben sich nach Litauen hinein. 29 Schützendivisionen, ein Panzerkorps und vier motorisierte Brigaden sind Anfang Oktober 1944 aufmarschiert, um die Heeresgruppe Nord von Süden aufzurollen. Die 4. russische Stoßarmee verhält zwischen Doblen und Moscheiken südostwärts von Frauenburg. Die 6. Gardearmee

drückt auf den Bartaabschnitt, um Libau von Osten her anzugreifen, während die 51. Armee an der Ostseeküste steht.
Libau, die Industrie- und Handelsstadt mit ihrem eisfreien Hafen, ist das Ziel der sowjetischen Offensive. Die große Stadt mit ca. 50.000 Einwohnern bildet das lohnende Objekt, das die Panzer mit dem roten Stern in den ersten Tagen des Oktobers nehmen wollen. Hier in Libau laufen alle Verkehrslinien Kurlands zusammen und hier in Libau werden Truppen und Material ausgeladen. Jedes Schiff, das Menschen und Güter in den Hafen bringt, stärkt die Widerstandskraft der deutschen Front.

Libau bietet trotz jahrzehntelanger "Russifizierung" und "Litauisierung" noch immer das Bild einer deutschen Kaufmannsstadt.

Die 18. Armee erhält nach der Räumung des Düna-Brückenkopfes bei Riga den Befehl, die Südfront der Heeresgruppe aufzubauen und zu halten. Seit dem 10. Oktober marschieren ihre Divisionen aus dem Raum Riga über die Aa in die Front beiderseits der Windau. Die 11., 30., 61., 126., 225. ID. und die 14. PD sind die ersten Großverbände, die in der neuen HKL ankommen. Damit gelingt es innerhalb kurzer

Zeit, eine einigermaßen durchgehende Front zu bilden, an der die russischen Angriffe scheitern.
Die deutschen Soldaten graben sich im Vorfeld von Libau ein, so gut es "Lage und Gelände" gestatten. Es gibt im Oktober keine zusammenhängende Front, die die Heeresgruppe nach Süden abschirmt. Kleine Kampfgruppen, bei denen das MG oft die stärkste Waffe darstellt, verschanzen sich auf versumpften Wiesen oder in schnell ausgehobenen Gräben in den Wäldern, um den Aufbau einer Abwehrfront zu ermöglichen. Die hier zum Einsatz gekommenen Kampfgruppen, unterstützt von Alarmeinheiten der Kriegsmarine und der Luftwaffe, müssen so lange halten, bis die aus dem Raum Riga eintreffenden Divisionen die Stellungen beziehen.

Weiter ostwärts überschlagen sich ebenfalls die Ereignisse. Die 11. I.D., die sich im Lastwagentransport auf der Straße Goldingen – Grobin befindet, wird an der Vartaja ausgeladen. Die Ostpreußen stoßen durch verstörte Baubataillons und Trosse hindurch und besetzen die Brücke bei Kesteri. Damit aber nicht genug, geht es im Gegenangriff weiter nach Süden. Ozolmezi wird erreicht und der Zug des Oberfeldwebel Schureit gelangt bis auf 30 Kilometer an die ostpreußische Grenze heran!
Die russische 6. Gardearmee versucht, zwischen Skuodas und Vainode die Barta in Richtung Libau zu überschreiten. Teile der 61. I.D. führen einen verzweifelten Kampf gegen "Stalin"-Panzer, die in Vainode eindringen können, da es überall an Artillerie fehlt. Die schwerringende Division – deren Gren.Rgt. 151 infolge hoher Verluste aufgelöst werden muß – wird schließlich durch die 563. I.D. abgelöst.
Noch weiter ostwärts, beiderseits der Windau, sieht die Lage weit bedrohlicher aus. Hier halten nur Soldaten des Nebelwerfer-Regimentes 70, einige Flakbatterien und wenige Stützpunkte vorerst den Russen von einem Vorstoß nach Lettland ab. Nur langsam verstärken die von Riga aus ankommenden Divisionen die Südfront der Heeresgruppe. Während am 13. Oktober nur drei deutsche Korps mit acht Divisionen zwischen Ostsee und Moscheiken stehen, rücken in der folgenden Woche zwei weitere Korpskommandos mit sieben Divisionen nach. Damit ist der erste Teil des Kampfes um den kurländischen Raum beendet; aber noch gibt der Russe nicht auf.

"Kurljandskaja gruppirovka protivnika ostalas blokirovannoj na poluostrove do konca vojny i kapitulirovala v mae 1945 g." (Die kurländische Gruppierung des Feindes blieb bis zum Ende des Krieges auf der Halbinsel blockiert und kapitulierte im Mai 1945.)
Dieser Satz findet sich in dem offiziellen Werk des sowjetischen Verteidigungsministeriums über den Zweiten Weltkrieg. 16 Worte berichten über die letzten sieben Kriegsmonate im kurländischen Raum. Ein einziger Satz handelt den Einsatz von

zwei deutschen Armeen und einer Armeegruppe belanglos ab. 16 Worte genügen aber auch, um den Kampf von drei eigenen Heeresgruppen mit zeitweise 19 Armeen für das russische Volk vergessen zu lassen!
Der Krieg in Kurland zwischen Oktober 1944 und Mai 1945 scheint für die Geschichtsschreibung bedeutungs- oder gar sinnlos zu sein.
War er es wirklich?
Die "Rote Armee" steht Mitte Oktober 1944 auf 120 Kilometer Breite zwischen Memelmündung und Küste wenige Kilometer südlich von Libau an der Ostsee.
Nur das XXVII. deutsche A.K. hält mit Pz.-Gren.D. "Großdeutschland", 7. P.D. und 58. I.D. die Stadt Memel umklammert.
Die Heeresgruppe Nord ist endgültig vom Reich abgetrennt!
Das OKH gibt den Befehl, daß der Brückenkopf Memel auf jeden Fall freigekämpft werden muß. Heeresgruppe Nord soll den Angriff – das "Unternehmen Geier" – am 17. 10. beginnen. Das XXXIX. Pz.K. (Gen. d. Pz.Tr. v. Saucken) hat mit 4., 12., 14. P.D., 11. und 126. I.D. den Durchbruch auf Memel und weiter auf Ostpreußen zu erzwingen. Die Verbindung mit der Heeresgruppe Mitte ist wieder einmal das Ziel!
Gen. d. Inf. Boege, OB. der 18. Armee, führt am 15. 10. mit den verantwortlichen Kommandeuren in seinem Hauptquartier bei Hasenpoth die erforderliche Einsatzbesprechung durch. Es wird dabei festgestellt, daß sich der Gegner vor der Front der Armee zu einer neuen Offensive vorbereitet. Ein Antreten hat deshalb schnellstens zu erfolgen. Die drei Panzerdivisionen werden eilig in ihre Bereitstellungsräume – 4. P.D. Grobin, 14. P.D. Preekuln, 12. P.D. südostwärts Hasenpoth – befohlen.
Die "Rote Armee" richtet sich zur selben Zeit für den letzten Angriff gegen die Heeresgruppe Nord ein. Die 2. Baltische Front (Armeegen. Eremenko) hat mit 3. Stoß-, 42. und 22. Armee aus dem Raum Doblen nach Westen, mit 1. Stoßarmee entlang der Küste in Richtung Tukkum zu stoßen. Die 1. Baltische Front (Armeegen. Bagramjan) soll mit 6. Gd.- und 51. Armee von Vainode – Skuodas nach Libau durchbrechen. Die 61. Armee und 5. Gd.Pz.Armee werden zur Verstärkung nachgeschoben.
Die 1. Kurlandschlacht beginnt am 16. 10. 1944.
Der Schwerpunkt der feindlichen Offensive liegt am rechten Flügel. Die sowjetischen Armeen rennen zwischen Rigaer Meerbusen und der Windau gegen die Stellungen der 16. Armee und der Armee-Abt. Grasser. Die 1. Stoßarmee (Glt. Sachwatajev) stürmt aus dem Raum Schlock gegen den äußersten linken deutschen Flügel. Der Widerstand der Verteidiger ist hart. Die Panzer und Schützen der "Roten Armee" kommen nur langsam voran.
Die "Rote Armee" drückt immer wieder zwischen dem 15. und 22. Oktober von Osten und Südosten her auf die dünne deutsche Front. Bei Doblen greifen allein acht Divisionen an und können einen zwei Kilometer tiefen Einbruch erzielen. Die lettische 19. Freiwilligendivision hält in dichtem Waldgelände an der Doke-

ner Landstraße allen Vorstößen stand. Heldenhaft wehren sich auch die Soldaten der 21. Lw.F.D. an der Rollbahn Aluksne – Balvie, die niederländischen SS-Freiwilligen und die Sachsen der 24. I.D., die die "Brunhildestellung" südlich des Zebressees verteidigen. Die 215. I.D. rückt von Tukkum her in die Front bei Autz ein und löst die 121. I.D. ab.
Die im Norden der Front angreifenden sowjetischen Truppen können lediglich am 18. 10. den Ort Kemmern besetzen. Jeder Versuch, nach Tukkum zu kommen, bricht an der Abwehrkraft der Verteidiger zusammen. Die Angriffsspitzen der russischen Panzer bleiben dicht ostwärts Tukkum liegen. Ihr Ziel Windau haben sie im ersten Anlauf nicht erreicht. Der Erfolg der deutschen Truppen ist mit schweren Opfern erkämpft.

Der Schwerpunkt des russischen Angriffs liegt aber eindeutig im Süden. Schlachtflugzeuge und Trommelfeuer eröffnen zwischen Moscheiken und Skuodas die Schlacht, an deren Ende die Eroberung Libaus stehen soll. Der Angriff bei Moscheiken wird von der 12. P.D. (Glt. Frhr. v. Bodenhausen) gestoppt. 30. I.D. und SS-D. "Nordland" wehren zwischen Vainode und Skuodas die Gegner ab. Eine Lücke zwischen den Divisionen wird durch 4. P.D. (Gm. Betzel) geschlossen. 14. P.D. und 563. I.D. verstärken später die HKL. Der Feind hat bis zum 22. Oktober 164 Panzer und 80 Flugzeuge verloren. Er kommt nirgendswo mehr durch!

Die Heeresgruppe Kurland fühlt sich trotz aller Anstrengungen und Abwehrkämpfe noch so stark, daß sie ab 16. Oktober mit den Vorbereitungen eines Durchbruchs nach Ostpreußen beginnt. General der Infanterie Busse, Kommandierender General des I. A.K., soll mit seinen Divisionen die feindlichen Linien aufbrechen, und die zur Verfügung stehenden Panzerkräfte – 4., 12., 14. P.D., Heeres-"Tiger"-Abteilung 502 und 510 – werden den weiteren Weg bahnen. Das I./Gren.Rgt. 44 wird die Angriffsspitze bilden. Doch vorerst müssen noch Erkundigungen über die Feindlage erfolgen.
Im Zuge dieser Unternehmungen greift das I./Gren.Rgt. 6 unter Hauptmann Sparbier am 24. 10. beiderseits der Straße Lidumnieki – Augusti an und kann am rechten Flügel den Ort Värki nehmen. Die linke Kompanie stößt längs der Waldränder durch russische Pakriegel und Geschützstellungen bis dicht an die Bahnlinie Preekuln – Vainode heran. Oberst v. Usedom, Kommandeur des benachbarten Pz.Gren.Rgt. 108, äußert am Abend des Angriffstages: "So ein schneidiger Infanterieangriff im sechsten Kriegsjahr ist kaum für möglich zu halten!"
Genau wie hier bei der 30. I.D., so greifen am selben Tag Kompanien der 14. P.D. und 563. I.D. nördlich Vainode an. Die Panzer rücken in drei Gruppen nach Süden vor und brechen schnell den ersten Widerstand. Sümpfe, dichter Wald, schlechte Wege und starkes Pakfeuer verlangsamen schließlich den Vorstoß, der am Abend zum Erliegen kommt. Trotzdem ist ein Einbruch in die feindliche Hauptkampflinie erzielt. Die Sowjets verlieren zwölf Panzer und 80 Geschütze. Der Angriff muß aber eingestellt werden, da die eigenen Verluste ebenfalls hoch sind. Die 18. Armee verharrt bei ihrem Durchbruchsplan.

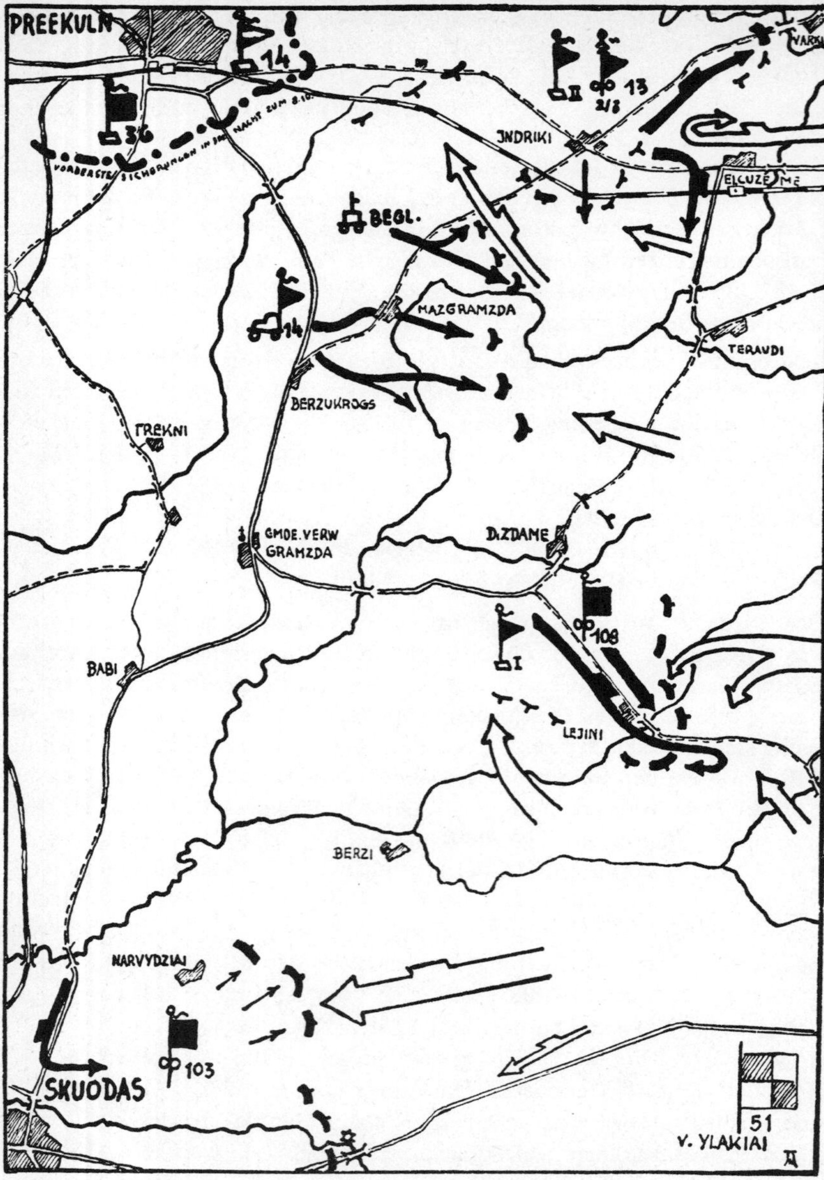

ABWEHRKÄMPFE SÜDOSTWÄRTS PREEKULN

GEGENANGRIFF DER 14. P. D. AM 8.10.1944

km
0 3

Die Sowjets verbuchen trotzdem einen Erfolg: Sie haben den Ausbruch der Heeresgruppe nach Ostpreußen verhindert! Die deutsche Führung muß einsehen, daß das "Unternehmen Geier" nun doch nicht mehr durchgeführt werden kann. Das Gen.Kdo. XXXIX. Pz.K., die Restteile 58., 61. I.D. und Pz.Gren.D. "Großdeutschland" werden in die Heimat transportiert.
Das Heeresgruppenkommando erläßt am 21. 10. folgenden Tagesbefehl:

> ". . . Jeder Soldat, der nicht mit der Waffe in der Hand in der Stellung eingesetzt ist, muß täglich mehrere Stunden mit dem Spaten arbeiten. Im Hauptkampffeld, an den Straßen und Wegen kann gar nicht genug geschanzt und gearbeitet werden! 2. und 3. Stellung, Straßensperren, Hinterhalte, Wohnbunker müssen in kürzester Frist entstehen. Pioniere müssen aus der HKL herausgezogen und zum Stellungsbau eingesetzt, die Zivilbevölkerung muß restlos erfaßt werden! . . ."

Das OKH gibt am nächsten Tag noch einmal eine Weisung an die Heeresgruppe, die klipp und klar ihren letzten Auftrag mit wenigen Worten umfaßt: "Jetzige Front halten! Ersatz im Kampf ausbilden, auch Flieger haben schießen gelernt! Auftrag insgesamt: Kräfte binden!"
Die Lage der Heeresgruppe Nord sieht an diesem Tag von links nach rechts wie folgt aus:
Die 16. Armee (Gen. d. Inf. Hilpert) steht im Norden. Das XXXXIII. A.K. ist für den Küstenschutz und die Baltischen Inseln verantwortlich. 23. und 218. I.D. verteidigen Sworbe, 207. Sich.D. schützt die Küste beiderseits Windau, 12. Lw.F.D. und Feld-Ausb.-D. Nord die Nordspitze Kurlands, 83. I.D. die Küste an der Rigaer Bucht. Die Korpsgruppe Glt. v. Mellenthin (früher Korpsgruppe Kleffel) steht

Die Einsamkeit des Schlachtfeldes im Oktober 1944 bei Preekuln.

mit 205., 227. I.D. und 281. Sich.D. ost- und südwärts von Tukkum. Das VI. SS-K. liegt mit 290. I.D., 19. SS-D. und 389. I.D. im Raum Dzukste – Doblen.
Die Armee-Abt. Gen. d. Inf. Grasser hat die HKL zwischen Doblen und der Windau besetzt. Die Front verläuft vom Zebres-See im Norden, hart westlich Bene, ostwärts von Autz nach Vieksniai an der Windau und von hier nach Moscheiken. Das L. A.K. hält mit 24., 122., 121. und 329. I.D. den linken, das XXXVIII. A.K. mit 81. I.D., 21. Lw.F.D., 201. Sich.D., 32. und 225. I.D. den rechten Abschnitt. 93. und 215. I.D. sind herausgelöst und befinden sich im Hinterland auf dem Marsch nach Südwesten.
Die Front von der Windau bis zur Küste ist Operationsgebiet der 18. Armee (Gen. d. Inf. Boege). Das II. A.K. mit 12. P.D., 132., 263., 31. I.D. kämpft im Raum zwischen Moscheiken und Vainode. Das X. A.K. ist mit 563., 30. I.D. und 4. P.D. bei Vainode. Das III. SS-Pz.K. ficht mit den beiden Divisionen "Nordland" und "Nederlande" südlich und südwestlich von Preekuln, Das I. A.K. sichert mit 11., 87. und 126. I.D. das Gebiet südlich von Libau.
Hier, an der Küste, liegt der gefährlichste Eckpunkt der gesamten Front. Denn, wenn es den Sowjets gelingt, einmal durchzustoßen und Libau zu besetzen, ist die Heeresgruppe verloren.
Die 18. Armee kennt ihre Aufgabe und will sie meistern. Die Armee setzt zur Verbesserung der HKL am 24. 10. einen begrenzten Angriff im Abschnitt Vainode an. Das X. A.K. (Gen. d. Inf. Foertsch) greift mit 31., 563. I.D. und 14. P.D. in einem zehn Kilometer breiten Streifen gegen die feindlichen Stellungen vor.
Der erste Tag bringt etwa drei Kilometer Bodengewinn, 200 Gefangene und die Vernichtung von 38 Geschützen ein. Noch einmal treten die Divisionen an, beißen sich durch die sowjetischen Gräben, erkämpfen sich Geschützstellungen – und bleiben am 26. 10. im starken Abwehrfeuer liegen!
Der Erfolg dieses Unternehmens bringt die bittere Erkenntnis, daß sich die sowjetische Front durch Zuführung weiterer Truppenverbände verstärkt hat. Es wird erkannt, daß sich die 1. Baltische Front zur neuen Offensive bereitstellt.

Ein überraschender Luftangriff hat es bereits kenntlich gemacht. Starke sowjetische Kampffliegerverbände greifen am 22. 10., nachmittags, Libau an. Häuserblocks gehen in Flammen auf. Das Waffenamt befindet sich darunter. Die meisten Beschädigungen erleidet das Hafengebiet. Bomben reißen die Bordwände des Torpedobootes "T-23", des Dampfers "Diedenhofen" (6.621 BRT), eines Schleppers und zweier Marinefähren auf. Noch lodern die Brände in den Abendhimmel, als der zweite Bombenangriff erfolgt.
Die 2. Kurlandschlacht beginnt fünf Tage später.
2.000 Geschütze aller Kaliber schleudern am 27. 10. ab 6.00 Uhr ein eineinhalbstündiges Trommelfeuer auf die Stellungen der 18. Armee und Armee-Abt. Grasser. 60 Sowjetdivisionen treten zum Sturm an. Die Front zwischen der Küste und der Windau, zwischen Autz und Doblen, steht an diesem Morgen in Flammen!

Die 5. Gd.Pz.Armee (Marschall Rotmistrov) setzt 400 Kampfwagen zwischen Skuodas und Vainode ein. Die dünnen deutschen Linien können diesen massierten Kräften kaum Widerstand leisten. Die ersten Einbrüche erfolgen. Sofort schieben sich Panzer in die Lücken und rollen die Gräben des III. SS-Pz.K. und X. A.K. nach allen Richtungen auf.
"Die kleinen Bunker schwanken wie Boote in der See. Bäume zersplittern, ganze Wipfel werden abgerissen und schlagen über die Schützenlöcher und Gräben. Die Stellung ist im Qualm der Einschläge nicht mehr zu erkennen. Niemand weiß, wo der Russe zuerst angreift, wo er schon eingebrochen ist und wer von den Soldaten der Schützenkompanien noch lebt. Erst allmählich zeigt sich aus den Meldungen, daß auf der ganzen Front die HKL an vielen Stellen durchbrochen ist." So lautet ein Erlebnisbericht dieses Tages.

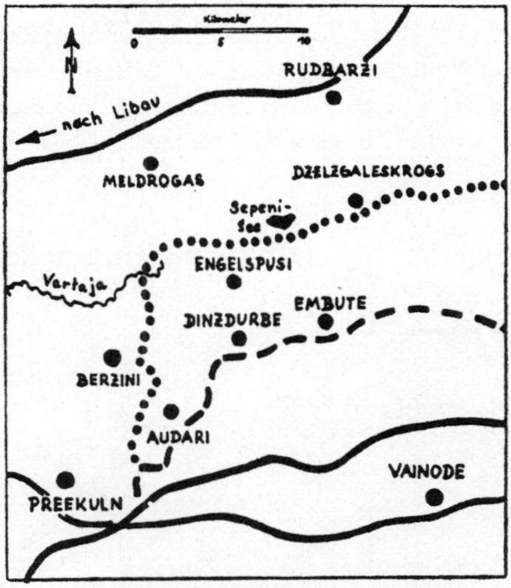

Kampfraum Preekuln - Vainode

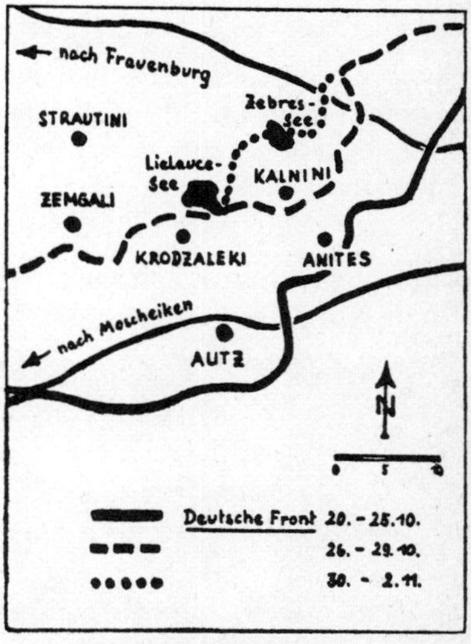

Kampfraum Autz - Frauenburg

Das Kriegstagebuch einer Division berichtet u. a.:

> Zwei Stunden nach Beginn des Trommelfeuers Funkspruch von der 2./Füs.Btl. 215: "Russe greift Höhe 94,1 mit drei Panzern an. Kompanie hat starke Ausfälle. Lt. Schmid gefallen." Eine halbe Stunde später: "Russischer Einbruch bei 94,1!" Wieder eine halbe Stunde später: "HKL im Gegenstoß wieder besetzt!"
> Nach einem schweren Feuerschlag Funkspruch der 1./Füs.Btl. 215: "Gegner greift auf breiter Front an. Wir halten!" Kurz darauf Funkspruch: "Gegner greift mit 20 Panzern an . . ." Hier bricht der Funkspruch ab. Es bleibt die letzte Meldung dieser Kompanie überhaupt. . . .

Örtlich begrenzte Gegenangriffe bringen zwar vorübergehende Erfolge. Der Feind ist stärker. Sein III. Gd.- und XIX. Pz.K. reißen die HKL der 30. I.D. (Ob. Barth) auf und drängen die Grenadiere bis auf die bewaldeten Höhen von Mikeli zurück. Ein Durchbruch wird allerdings nicht erzielt. Gewittrige Regenfälle verwandeln das Gelände in morastigen Brei aus Sand und Lehm. Da bleiben sogar die "T-34" und "Stalin"-Panzer stecken.

Der Feind nutzt die Nacht und schiebt neue Panzer- und Schützenkompanien durch die Wälder. Die stählernen Kolosse rollen im Morgengrauen wieder an – und wieder stellen sich ihnen deutsche Kampfgruppen entgegen. So warten vier "Tiger"-Panzer des Oberleutnants Gerlach bei Höhe 190,1 an der Straße Auderi – Asite – Bruvelini. Die Deutschen eröffnen auf 1.200 Meter Entfernung das Gefecht. Sechs Stunden lang wogt der Kampf hin und her, dann haben sich die "Tiger" wieder verschossen, aber 14 Russenpanzer liegen brennend im Vorfeld! Weiter geht der Streit, immer neue T-34 und "Stalin"-Panzer tauchen auf und überrollen Schützenlöcher und Pakstellungen. Die Grenadiere und Pioniere wanken und weichen nicht. Mit Hafthohlladungen, Minen und Panzerfäusten setzen sie sich zur Wehr. Allein im Abschnitt des Grenadierregiments 6 werden bis zum Abend 21 feindliche Panzer zur Strecke gebracht.

Granatwerfer und schwere Maschinengewehre, die die Russen auf den Höhen von Mikeli zurückließen.

Eilig herangeführte Einsatzgruppen mit Panzer-Nahkampfmitteln werden nach vorn geschoben.

Der 29. 10. wird ein Großkampftag wie nie zuvor. Feindliche Geschütze und Werfer leiten die Angriffe ein. Starke Verbände der Luftwaffe unterstützen die Erdtruppen. 1.817 Maschinen mit dem roten Stern fliegen zwischen Libau und Autz ins Hinterland, bombardieren Bahnhöfe, Straßen, Truppenkolonnen. Die wenigen Jäger des J.G. 54 stürzen sich immer wieder auf die russischen Staffeln. Sie schießen am 27. 10. 57 Flugzeuge ab. Major Rudorffer, Kdr. III./J.G. 54, holt allein am 29. 10. elf Bomber herunter und erhöht seine Luftsiege auf 206.
Das J.G. (Jagdgeschwader) 54, das vom ersten Kriegstag an die Heeresgruppe Nord unterstützt hat, schießt bereits im Oktober 1944 das 8.500. Feindlfugzeug ab. Das Geschwader, das weiterhin im Einsatz über Kurland verbleibt, kann bis Jahresende 1944 insgesamt 9.141 Maschinen des Gegners vernichten.

General der Flieger Pflugbeil, Oberbefehlshaber der Luftflotte 1 in Kurland.

Überlegenes russisches Artillerie- und Werferfeuer leitet den Morgen des 29. 10. ein. Die Sowjets haben ihre abgekämpften Sturmtruppen abgelöst und durch neue Reserven ersetzt. Gardebrigaden folgen jetzt den "Stalin"-Panzern. Diese Elitesoldaten verstehen es meisterhaft, jede Bodenfalte, jedes Busch- und Waldstück auszunutzen, um an die deutschen Stellungen heranzukommen.
Die Kampfwagen des Panzerregimentes 36 unter Major Molinari bieten zwischen Jagmani-Bruvelini dem Gegner energisch Paroli. Die Flakbatterien von Striki wehren Angriffe von Schützen- und Pionierverbänden ab. Eine andere Batterie schießt bei

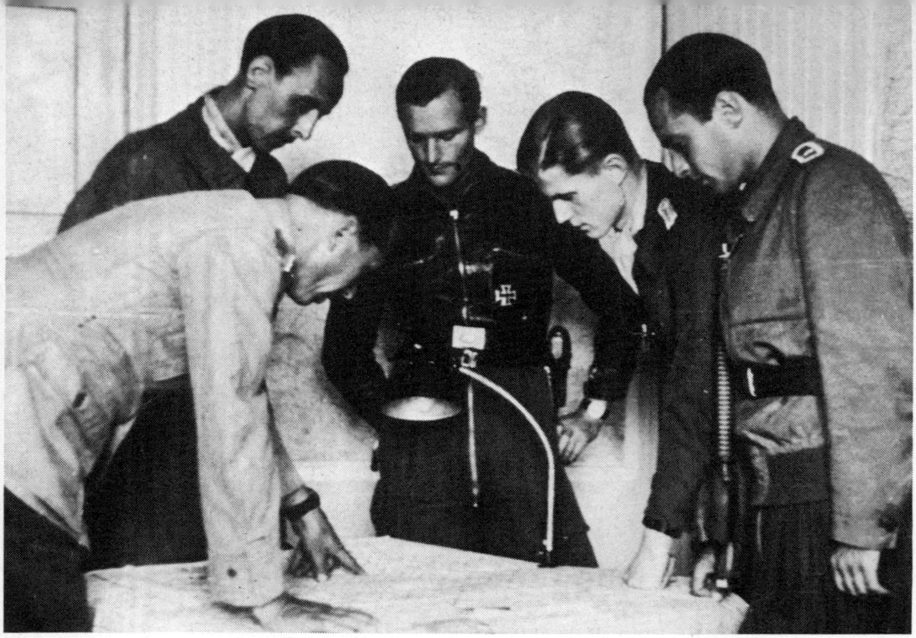

Einsatzbesprechung beim Jagdgeschwader 54 "Grünherz".

Dinzdurbe einen Pulk von "Stalin"-Panzern zusammen, bevor sie selbst überrollt wird. Dieser selbstlose Einsatz der Flaksoldaten ermöglichte es, daß mit Mühe und Not der Hauptverbandsplatz aus den Kellern des bereits brennenden Schlosses geräumt werden kann.

Russische Schützen schießen Salut, als sie bei Tukkum das Meer erreichen.

Die härtesten Kämpfe spielen sich nach wie vor im Raum der 18. Armee bei Preekuln und nördlich Skuodas ab. 30., 31. I.D., SS-D. "Nordland" und 14. P.D. stehen im Mittelpunkt der Schlacht. Die Divisionen zählen in zwei Tagen 1.440 Mann Ausfälle. Die wenigen Panzer der 14. P.D. (Ob. Munzel) müssen als letzte Reserve eingesetzt werden. Die 4. P.D. (Gm. Betzel) stoppt einen Angriff an den Letilahöhen und vernichtet 73 Feindpanzer. Dann kommt hier die Front für 24 Stunden zum Stehen. Doch nicht nur in der Mitte der deutschen Front ist der Russe zum Entscheidungskampf angetreten, sondern auch zwischen Tukkum und Autz rennen 60 Divisionen und Panzerbrigaden an. Das III. SS-Pz.K. wehrt sich verzweifelt gegen alle Angriffe, kann aber nicht verhindern, daß die Stadt Autz verlorengeht. Freiwillige aus allen Teilen Europas schlagen sich gegen Eliteverbände der Roten Armee. Die Kompanien des 49. niederländischen SS-Regiments zählen in diesen Tagen noch 25 Mann an Kopfstärke!

Die nordostwärts von Autz stehende baden-württembergische 215. I.D. leidet besonders unter dem überlegenen feindlichen Artilleriefeuer. Die Verbindung der Regimenter untereinander geht trotz eines am 28. 10. luftschaffenden Gegenstoßes der benachbarten 121. I.D. verloren und zwingt zur Räumung der Hauptkampflinie. Die Division setzt ihre Sturmkompanie ein, um dieses Zurückgehen zu verschleiern. Die Grenadiere dringen in den dichten Wald zwischen den Regimentern 380 und 390 und stoßen hier auf eine russische Kolonne von Panzern, Pak und motorisierten Infanteristen. Mit "Hurra" greift die Kompanie an, vernichtet im Nahkampf zwei T-34 und vertreibt den Feind. Damit ist das Absetzen der Division auf die "Brunhilde-Stellung" gesichert.

Die Armee-Abt. Grasser, die am 19. 10. Gen. d. Kav. Kleffel übernimmt, wehrt sich genauso verzweifelt wie 18. Armee. Die Verbindung der Divisionen untereinander reißt. Die Regimenter werden auseinandergetrieben, Kompanien von ihren Bataillonen gesprengt. Krampfhaft wird von allen versucht, in der Nacht die Verbindung wieder herzustellen, was kaum gelingt.

Die Schwere der Kämpfe dokumentiert sich an der Zahl der abgeschossenen Panzer. In der Zeit vom 1. bis 31. 10. vernichten 18. Armee 681, 16. Armee 246 und Armee-Abt. Kleffel 216 Kampfwagen!

Die Sowjets legen am 1. 11. eine kurze Atempause ein. Sie greifen erst ab Mittag wieder gegen 18. Armee und Armee-Abt. Kleffel an. Das XXXVIII. A.K. (Gen. d. Art. Herzog) hat zwischen Lielauce- und Zebres-See schwerste Angriffe abzuwehren. 83., 329. I.D. und 21. Lw.-F.D. weichen langsam auf die "Brunhilde-Stellung" zwischen den Seen aus. Das Korps bringt dort die Feindoffensive zum Stehen.

Die Schlacht bei Preekuln spielt sich mit gleicher Härte ab. Das X. A.K. (Gen. d. Inf. Foertsch) hält mit 4., 14. P.D., 30., 31., 263., 563. I.D. und Flak-R. 60 die 5. Gd.Pz.Armee auf. Der Bericht des OKW meldet:

". . . im Raum südostwärts Libau wurde der erstrebte sowjetische Durchbruch von unseren Truppen in vorbildlicher Standhaftigkeit unter Abschuß von 62 Panzern verteilt."

Es ist wie ein Wunder: Die Sowjets gaben jetzt auf! Kampfruhe liegt über den Gräben, die in Regen und Schlamm versinken. Fieberhaft wird weiterhin an der Verstärkung der HKL gearbeitet, neue Unterkünfte werden gebaut, Munitionslager aufgefüllt, zehn Prozent aller Offiziere und Mannschaften der Stäbe werden zur Front versetzt.

Das X. A.K., das vom 27. 10. bis 2. 11. im Schwerpunkt der feindlichen Offensive steht, verliert in diesen Tagen 4.012 Mann, das sind fünfzig Prozent seiner Kampfstärke! Der Durchgang von Verwundeten auf den Hauptverbandplätzen der Heeresgruppe ist bezeichnend für die Schwere der Schlacht:

27. 10.	=	776 Verwundete,	31. 10.	=	883 Verwundete,
28. 10.	=	480 Verwundete,	1. 11.	=	662 Verwundete,
29. 10.	=	560 Verwundete,	2. 11.	=	1.017 Verwundete,
30. 10.	=	450 Verwundete,	3. 11.	=	566 Verwundete.

Die Gesamtverluste vom 1. 10. bis 7. 11. belaufen sich auf 44.000 Offiziere und Mannschaften, wovon 19.000 erst ab 1. 11. gezählt werden.

Bataillonsgefechtsstand einer ostpreußischen Infanteriedivision bei Tukkum. Der Adjutant gibt gerade einen Funkspruch auf.

Die Heeresgruppe ist auf Nachschub aus der Heimat angewiesen. Doch zwischen 1. 10. und 7. 11. sind nur 28.000 Mann Ersatz gekommen! Ein schwerer Verlust für Kurland ist der Untergang des Dampfers "Schiffbeck" vor Libau, mit dem zwölf lFH, drei sFH, eine 15-cm-Kanone, sechs sIG, siebzehn 2-cm-Flak und 1.800 MPi für immer in den Fluten der Ostsee versinken.

Die Heeresgruppe findet Zeit zur Umgruppierung. Stab und Armeetruppen der Armee-Abt. Kleffel verladen in Libau und Windau zur Fahrt nach Danzig und Gotenhafen. Der Stab verlegt dann weiter nach Holland und bildet dort das Gen.Kdo. XXX. A.K. Gm. Walter, bisher Feldkommandant 182, wird in Danzig mit der Führung aller eintreffenden Trosse und sonstigen Verbände der Armeen beauftragt. Die Korpsgruppe Glt. v. Mellenthin erhält Bezeichnung XVI. A.K. Die 207. und 285. Sich.D. werden aufgelöst. Ihre Regimenter rücken in die vorderste Front. Die Reste der von Sworbe kommenden 23. I.D. werden der 218. ID. unterstellt, die den Küstenschutz in Nordkurland übernimmt. Die 21. Lw.-F.D. existiert nicht mehr, nur der Stab bleibt zur Neuaufstellung bestehen. Die drei Panzerdivisionen – 4., 12. und 14. P.D. – verlassen die HKL. Sie bilden die beweglichen Reserven der Heeresgruppe.

Libau wird zur Festung eingerichtet. Bevorratung für 40.000 Menschen auf drei Monate ist angeordnet. Der Transportoffizier bei der Heeresgruppe, Oberstlt. i. G. Fester, trägt hierfür die Verantwortung. Glt. Baron Digeon v. Monteton wird zum Festungskommandanten ernannt. Das rückwärtige Gebiet ist in Verteidigungszustand gesetzt. Die Nachschub- und Verkehrswege erhalten Verbesserungen. Pionier-

Ein Transportschiff mit Truppen und Gerät ist am 3. 10. 1944 in Libau eingetroffen. Die Mannschaften werden sofort an die Front geschickt.

kräfte erbauen eine Eisenbahnverbindung zwischen Libau und Windau, die am 15. 11. in Betrieb genommen wird.

Die Sowjets nutzen gleichermaßen die Kampfpause. Sie haben am 19. 11. ihre Umgruppierung beendet. Schwerstes Trommelfeuer geht an diesem Tag ab 10.30 Uhr auf die Stellungen der 18. Armee zwischen Engelspusi und der Windau nieder. Es ist hier genau die Naht zwischen den beiden Armeen. (Der Operationsraum der 16. Armee hatte sich bis hierher ausgedehnt, nachdem Stab Armee-Abt. Kleffel abtransportiert war.)
Das Feuer der Geschütze, "Stalinorgeln" und der Hagel der Bomben birst auf die Gräben der 31., 32., 121. und 263. I.D. nieder. Eine Stunde später stürmen die sowjetischen Divisionen los. Der Angriff wird zwar abgeschlagen. Doch zwischen Sepenisee, Dzelgaleskrogs und Engelspusi klafft eine Frontlücke!
Wieder treten Kampfgruppen zu Gegenstößen an. Blutend, müde, entkräftet arbeiten sich die feldgrauen Gestalten durch eisiges Schneewasser und morastigen Wald. Für Hunderte solcher Gegenstöße und Einzelaktionen mag ein Beispiel stehen:
Am Sepenisee geht die Höhe 107,5 verloren. Sie soll in der folgenden Nacht genommen werden. Batterien des A.R. 30 (30. I.D.) schießen eine Sturmgasse. Nach wäh-

In der Stellung einer leichten Flakbatterie am Sepenisee. (Aufnahme vom 21. 11. 1944).

Feldgendarmerie kontrolliert die Straßen im Hinterland, regelt den Verkehr von und zur Front, sammelt Versprengte auf (wie hier im Bild) und sorgt für den Nachschub. (Aufnahme vom 2. 10. 1944).

rend die letzten Granaten durch die Luft orgeln, schiebt sich die Kampfgruppe des Hptm. Stein – ein Pionierzug und eine Gruppe Fahnenjunker, die ihren ersten Einsatz erleben – in den Wald. Die Männer sind nur mit MPi ausgerüstet, halten sich gegenseitig an den Händen, um den Anschluß in den zahllosen wassergefüllten Granattrichtern nicht zu verlieren. Dann schaffen sie es. Sie stürmen im Nahkampf die Höhe!
Die Sowjets bleiben hartnäckig. Klappt hier der Durchbruch nicht, dann an anderer Stelle. Die 4. Stoßarmee (Glt. Malyschev) stürmt gegen die Venta. Die Gegner nutzen das ungünstige Wetter für sich aus. Sie drücken die Stellungen der 83., 132. und 225. I.D. am linken Flügel der Armee ein.
Links und rechts des sowjetischen Angriffsschwerpunktes sind genau solche harten Kämpfe zu verzeichnen, die besonders durch die niedrigen Temperaturen und das morastige Gelände erhöhte Anforderungen an die Grabensoldaten stellen. Die Sowjets stoßen nordostwärts von Preekuln in das verschlammte Trichterfeld bei Berzini vor. Hier trifft der Gegner auf die soeben vom Tirs-Sumpf anrückende 11. I.D. Den Ostpreußen gelingt es, den Feind nördlich Engelspusi abzuwehren und ihm damit den Einblick in Straße und Bahn Libau – Schrunden zu nehmen. So stellen bereits am zweiten Kampftag die russischen Schützenverbände ihr Vorgehen ein.

Das Heeresgruppenkommando beauftragt den Höh.Artillerie-Kdr. Glt. Thomaschki mit Ob. i. G. Reinhardt als Stabschef die Führung in dem bedrohten Raum zu übernehme. Doch, was nutzt alle Tapferkeit, wenn z. B. am 21. 11. allein 35.000 Granaten auf die HKL des II. A.K. schlagen? Die Sowjets brechen auf fünf Kilometer Breite an der Venta ein und erzielen einen Raumgewinn von zwei Kilometer Tiefe!
Das feindliche Feuer steigert sich noch am nächsten Tag. Jetzt greifen 6. Gd.- (Gen. Ob. Tschistjakov) und 5. Gd.Pz.Armee (Marschall Rotmistrov) zwischen Preekuln und der Windau an. Gleichzeitig stürmen 15 Schützendivisionen gegen das XXXVIII. deutsche A.K. Diese Feindgruppe hat Frauenburg als Ziel.

Eine heftige Schlacht ist in diesen Wochen ostwärts der Stadt entbrannt. Der Feind versucht, in 25 Angriffen die "Brunhilde-Stellung" zwischen Doblen und Autz aufzureißen. Die 290. I.D. muß am 22. 11. ihre härtesten Kämpfe meistern. Tagelang verteidigen die Grenadiere der 215. I.D. und die Panzer des Regiments 5 die Kalvas-Höhen. Die Bataillone der 24. I.D. und 12. P.D. und die Sturmgeschützkompanie 1024 krampfen sich in den Wäldern um den Zebres- und Lielaucesee fest. Oft wechseln die festungsartig ausgebauten Stützpunkte "Pastorat" und "Schule" ihre Besitzer. Genau dasselbe Bild zeigt sich an der Mazgerini-Höhe, um die die Grenadiere der Regimenter 32, 102, 409 und Füsiliere und Pioniere der 24. I.D. ringen. Die 205. I.D. steht südlich Frauenburg gegen sechs feindliche Divisionen, wo sich das I./335 des Hauptmanns Alm auszeichnet.
Die Lage ist zum Zerreißen gespannt. Die Heeresgruppe hat keine Reserven mehr! Jeder Schreiber und Funker, jeder Sanitäter und Troßfahrer muß mit dem Karabiner und der Panzerfaust in die vorderste Front. Die Situation ändert sich alle Stunden. Einmal sitzen die Russen auf einer Höhe, dann kommen die Deutschen und schließlich wieder die Gegner.
Die Verluste auf beiden Seiten sind enorm. Die Hauptverbandsplätze des XXXVIII. und L. A.K. melden vom 22. bis 24. 11. den Durchgang von 1.413 Mann! Das X. A.K. besteht nur noch aus Kampfgruppen. Das SPW-Btl. der 14. P.D. zählt 40 Mann. Die Bataillone der 32. I.D. geben am 28. 11. folgende Tagesmeldung: I./G.R. 4 = 80, II./G.R. 4 = 30, I./G.R. 94 = 90, I./G.R. 96 = 105 Mann; II./G.R. 94 und II./G.R. 96 waren bereits aufgelöst.
Heftige Regenfälle gehen in den letzten Tagen auf das Land nieder. Sie verhindern jede weitere Kampfführung. Das Gebiet an und in der HKL ist Sumpf. Da müssen selbst die Sowjets kapitulieren! Die Russen geben sogar Gelände auf und ziehen sich zwischen Vainode und Pikeliai zurück. Der Feind bricht überraschend die zweite Kurlandschlacht ab!

Die Heeresgruppe meldet ihre Verluste vom 1. bis 30. 11.: Danach sind 33.181 Offiziere, Unteroffiziere und Mannschaften gefallen, verwundet und vermißt. An Waffen sind verloren: 1.226 Pistolen, 733 MPi, 5.760 Karabiner, 1.181 MG, 96 leichte und 27 schwere Granatwerfer, 92 Pak, 18 IG, 19 Flak, 34 leichte und 14 schwere Feldhaubitzen.

Schützenverbände der "Roten Armee" beim Angriff auf die Dörfer unweit von Frauenburg. (Original vom November 1944).

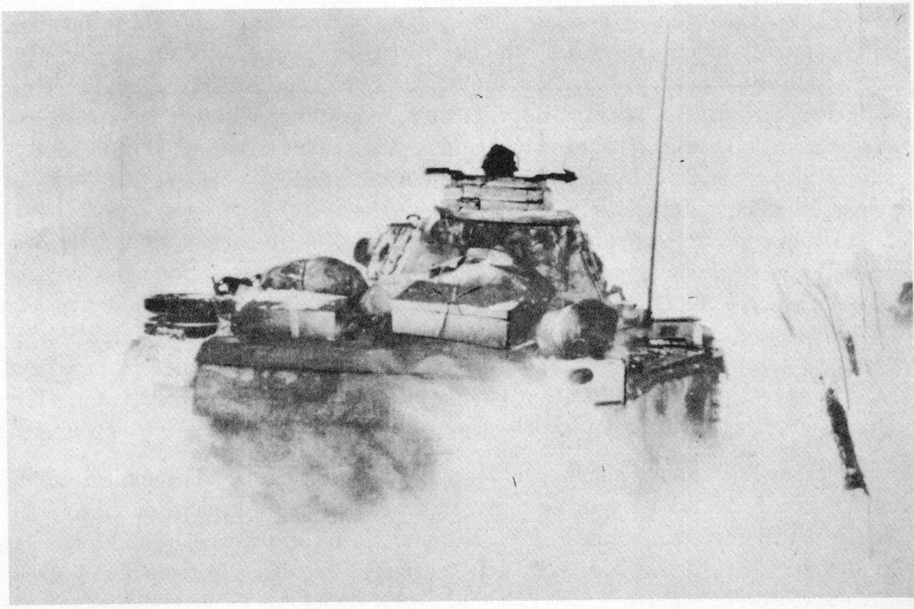

Die Kampfwagen der 12. und 14. P.D. werden als "Feuerwehr" überall dort eingesetzt, wo es gerade "brennt".

Die Feindverluste – soweit sie von deutscher Seite festgestellt werden können – belaufen sich auf 4.410 gezählte Tote, 12.550 geschätzte Tote, 25.100 geschätzte Verwundete, 961 Gefangene, darunter 105 Überläufer. Weiter werden als vernichtet bzw. erbeutet gemeldet: 23 Geschütze, 166 Panzer, 82 Pak, 303 MG und acht Granatwerfer. Die Gesamtverluste der feindlichen Kampfwagen im Abschnitt der Heeresgruppe Nord betragen seit 22. 6. 1944 insgesamt 4.722.
Die Truppe ist abgekämpft und erschöpft. Die Hauptkampflinie besteht meistens nur aus Erdlöchern, die voll mit Schneewasser sind. Die Bewaffnung ist mangelhaft, da schwere Panzerabwehrwaffen und genügend Maschinengewehrmunition fehlen. Der Nachschub leidet durch die schlechte Witterung sowie unter dauerndem Störungsfeuer und der Tieffliegerangriffe des Feindes. Die Gespanne der Trosse müssen oft mehr als 20 Kilometer durch tiefen Schlamm fuhrwerken, ehe sie die Frontkompanien erreichen. Die Pferde brechen zusammen und finden zu Dutzenden einen elenden Tod im Morast. Nur selten kommt noch warme Verpflegung nach vorn. Viele Soldaten klagen über Ruhrerkrankungen. Zuversicht und Selbstvertrauen schlagen manchmal in Verbitterung und Verzweiflung um. Doch bleiben allenthalben Moral und Disziplin erhalten. Zerfallserscheinungen gibt es im Raum der Heeresgruppe Kurland bis zur Kapitulation nirgendswo!
Die Truppenbetreuung kommt nun auch wieder zu ihrem Recht. Filmvorführungen, Diskussionsabende, Musik- und Varietédarbietungen sind in den Troßstellungen, Stabsunterkünften und den größeren Ortschaften zu erleben. Die ärztliche Fürsorge wird systematisch vorgenommen. Verwundete, Kranke und Soldaten, die sich besonders ausgezeichnet haben, gehen auf "Urlaub" in die Divisionsheime hinter die Front. Die lettische Bevölkerung hilft der deutschen Wehrmacht, wo und wie sie nur kann. Mancher Lette, der Lebensmittel und sonstige Güter mit seinem Pferdegeschirr in die Stellung bringt, muß diesen guten Willen mit seinem Tode bezahlen, da er oft in einen feindlichen Feuerüberfall gerät.
Die Heeresgruppe hat angeordnet, daß in ruhigeren Zeiten geschanzt wird. Bunker, Schützenlöcher, Gräben, Auffanglinien, Geschütz- und Ortsverteidigungsanlagen entstehen. Baubataillone aus nicht mehr Frontdienstfähigen werden neu aufgestellt und geschlossen zu wichtigen Bauvorhaben eingesetzt. Die Armeen bereiten Riegelstellungen vor, auf die sich ihre Divisionen einmal Zug für Zug zur Küste absetzen lassen, wenn hierzu der Befehl des Oberkommandos der Wehrmacht eintreffen sollte. Die Losung Kurlands lautet: "Gräben statt Gräber!"

Die wenigen Tage und Wochen, an denen die Sowjets keine Großangriffe durchführen, werden zu Ablösungen, Verschiebungen, Transporten in die Heimat und Zuführung neuen Ersatzes benutzt. Ende November wird im Hinterland der HKL das Unternehmen "Autoklau" durchgeführt. Alle nicht für die Fronttruppe gebrauchten Kraftfahrzeuge werden gesammelt und per Schiff in die Heimat verfrachtet. So gehen am 25. 11. von Libau vier Dampfer mit 91 Lkw, 70 Pkw und 39 Kräder auf Fahrt nach Danzig.

Die Letten sind meist von mittlerer Größe, blond und blau- bzw. grauäugig; auffallend ist der breite Schädel. Die alten Trachten sind kaum mehr erhalten. Die Frauen tragen besonders eine bunte Kopfbedeckung und zwei Tücher unter den Armen durchgeschlungen, deren Zipfel an den gegenüber befindlichen Schultern mit einer Spange festgesteckt werden.

Der Bereich der Heeresgruppe ist vom 24. 9. bis 25. 11. von folgenden Personengruppen verlassen worden: 69.409 Soldaten, 68.562 Verwundete, 7.558 lettische Rekruten, 3.108 lettische und estnische Soldaten, 5.809 Männer der OT, 75.319 evakuierte Balten, 1.791 evakuierte Russen. Gleichzeitig sind 11.626 Pferde, 6.432 Kraftfahrzeuge und 290 Geschütze ins Reich überführt.

Die Luftflotte 1 (OB.: Gen. d. Flieger Pflugbeil) unterstützt trotz zahlenmäßiger Unterlegenheit den Kampf der beiden Armeen in den vergangenen beiden Kurlandschlachten, so gut sie es mit ihren Einheiten kann. Die Luftflotte hat vom 25. 7. bis 23. 9. weitere 5.643 Offiziere und Mannschaften dem Heer zur Verfügung gestellt. Die nicht unbedingt erforderlichen Bodenkommandos werden im Oktober nach Deutschland abgeschoben. Es bleiben allein die fliegenden Besatzungen mit dem notwendigen technischen Personal auf den Flugplätzen Kurlands.

Die Luftflotte verfügt schon lange über keine Bomberkräfte. Nur noch JG. 54 und einige Aufklärungsstaffeln befinden sich im Bereich der Heeresgruppe. JG. 54 hat im November die I. Gruppe in Tukkum, später in Cirava stationiert. II. und II./ JG. 54 liegen auf Plätzen bei Libau.

Die einzige Unterstützung für die eingeschlossene Heeresgruppe erfolgt durch Transportflugzeuge. Hier werden Maschinen vom Typ "He-111" in Königsberg beladen.

Nur wenige Aufklärungsflugzeuge – hier eine Henschel Hs 126 – sind neben Jagdflugzeugen die einzigen Maschinen, die über Kurland fliegen.

Die sowjetische Luftwaffe ist die unumschränkte Herrscherin in der Luft. Tag und Nacht fliegen ihre Bomberstaffeln die Transportwege an, bombardieren Bahnhöfe, Straßen und Häfen. Die wenigen eigenen Jäger sind stets einsatzbereit.

Die sowjetische Luftwaffe ist bei klarem Wetter dauernd in der Luft. Aufklärungs- und Schlachtflieger stürzen auf jedes sich bietende Ziel. Die roten Bomberstaffeln hängen Tag und Nacht über den beiden Häfen und wichtigen Nachschubwegen des ganzen Landes. Die fliegenden und Flakverbände der Luftwaffe 1 des Generals der Flieger Pflugbeil wehren sich mit dem Mut des zahlenmäßig Unterlegenen.

60 Feindmaschinen greifen in zwei Angriffen am 14. 12. Stadt und Hafen Libau an. Der erste Einflug zwischen 11.00 und 12.00 Uhr ruft gewaltige Schäden hervor. Sieben deutsche Schiffe sinken! Der zweite Angriff wird zwischen 16.50 und 18.00 Uhr geflogen. Diesmal werden vier Schiffe beschädigt. Die deutschen "FW-190" sind sofort gestartet. Sie schießen an diesem Tag 44 Flugzeuge ab! Die Sowjets wiederholen ihren Anggriff auf Libau am 15. 12. Diesmal brausen 200 Kampfflugzeuge heran und werfen Bomben auf das Bahnhofsgebiet und auf die Flugplätze Libau und Grobin. JG. 54 (Oberstlt. Hrabak) bringt 56 Feindmaschinen zum Absturz. Elf eigene Flugzeuge gehen auf den Flugplätzen durch Bombenwurf verloren.

Anfang Dezember 1944 fliegen nur noch vereinzelt Transportmaschinen vom Typ "Ju-52" Kurland an. Die Masse der Transportverbände wird im Westen gebraucht, wo sich das deutsche Heer zur Ardennenoffensive bereitstellt.

Die dezimierten Batterien der 6. Flak-D. können vom 29. 10. bis 7. 11. gleichfalls 110 sowjetische Flugzeuge abschießen. Die Luftflotte hat einige Batterien dem Heer zur Verfügung gestellt. Die I./Flak-R. 2 untersteht der 18., die I./Flak R. 51 der 16. Armee. Die Flak-Abt. 219 ist für die Luftverteidigung über Windau verantwortlich.
Der Dezember ist gekommen. Die Witterung verschlechtert sich. Mitte des Monats tritt Frost ein. Schlamm und Modder gefrieren zu steinhartem Boden. Straßen und Wege werden wieder passierbar. Die Kampftätigkeit lebt allenthalben auf. Stroßtrupps der 3. Gd.- und 4. Stoßarmee klären gewaltsam bei Schrunden auf. Deutsche Artillerie und Gegenstöße der Grenadiere wehren die ersten Vorboten einer neuen Offensive ab, wenn sie auch nicht verhindern, daß sich der Feind in den Sumpfwäldern am Zurcisee und bei Avoti festsetzt.
Die deutschen Grenadiere verharren aber auch nicht untätig in ihren Schützenlöchern. Südlich Libau soll der in das Gebiet nordwestlich des Tirs-Sumpfes ragende russische Frontkeil eingedrückt werden. Hierzu greifen vom Westen Teile der 87. I.D. an und vom Osten stoßen Sturmgeschütze, Radfahrtrupps der 30. I.D. und die Grenadiere des Sturmbataillons 18. Der Gegner wird überall geworfen und im Höhengelände von Vanici reichen sich die Soldaten der beiden deutschen Frontspitzen die Hände. Von fern hören sie rollendes Trommelfeuer aus dem Norden.

Das Schicksal der Heeresgruppe Kurland steht und fällt mit ihrer Versorgung. Diese ist infolge der allgemeinen Situation nur über See möglich. Nachschubschiffe der Kriegsmarine versuchen, unter Begleitschutz kleinster Einheiten dicht unter der Küste entlang die Häfen Windau bzw. Libau zu erreichen. Sie bilden damit natürlich ein lohnendes Ziel für die sowjetischen Schnell- und U-Boote sowie für alle Kampfflugzeuge. Russische Bomber begleiten die deutschen Konvois bis in den Hafen Libau und werfen hier ihre Bomben auf die Schiffe. Jedes Schiff, das länger als 24 Stunden im Hafen liegt, wird ein Ziel russischer Flugzeuge. Sobald ein Dampfer leergeräumt ist, beziehen Verwundete oder in die Heimat verlegte Truppenteile die Innenräume.
Die in den Häfen angekommenen Nachschubgüter, Waffen, Material und sonstige Dinge werden entweder mit der Bahn auf der Linie Libau – Frauenburg transportiert oder von Lkw- bzw. Fahrkolonnen der rückwärtigen Dienste abgeholt und nach vorn geschafft. Es ist u. a. eine der vordringlichsten Aufgaben der Heeresgruppe sowie aller übrigen unterstellten Dienststellen, die Versorgung nicht abreißen zu lassen. Die notwendigsten Lebensmitttel können dank einer guten Ernte im Sommer 1944 aus dem Lande entnommen werden. Maschinen, Fahrzeuge, Waffen und Kriegsgerät müssen aus der Heimat zugeführt werden. Ein Transport durch Flugzeuge der Luftwaffe scheidet infolge der gewaltigen Überlegenheit der Sowjets zur Luft von vornherein aus. Zum Glück sind die Häfen Libau und Windau im Winter eisfrei und können jederzeit von den Versorgungsschiffen angelaufen werden.

Die russischen Kampfflugzeuge versuchen, die Verkehrswege durch rollende Angriffe zu zerstören oder wenigstens lahmzulegen. Dort, wo Schäden auftreten, werden sie sofort repariert. Als die Strecke Grobin – Hasenpoth unterbrochen ist, arbeiten sowjetische Kriegsgefangene unter Anleitung deutscher Eisenbahnpioniere an der Herstellung der Gleisanlagen. Auf der Strecke fährt regelmäßig ein Transportzug, der infolge seiner altertümlichen Lokomotive vom deutschen Landser "Feuriger Elias" getauft worden ist.
Schwerste körperliche Anstrengungen bleiben den bespannten Nachschubkolonnen bis zur Kapitulation. Wenn der Herbst- oder Frühjahrsschlamm den Boden zu grundlosen Modderbahnen oder Dreckpfuhlen aufweicht und jedes Kraftfahrzeug steckenbleibt, sind es die braven Panjepferde, die als einzige Lebewesen diese Hindernisse überwinden können. Die bescheidenen Pferde, die trockenes Stroh fressen, wenn es kein Heu mehr gibt, werden zu den besten Kameraden des Soldaten. Sie erfüllen ohne Klagen ihre Pflichten und Tausende von ihnen sterben elendiglich, wenn sie im Schlamm ersticken, im Eis erfrieren oder erbarmungslos von den Bordgranaten der Schlachtflugzeuge zerfetzt werden.

Die Enge des kurländischen Raumes läßt keine Weiträumigkeit zu wie vor Jahresfrist, als die 16. und 18. Armee noch am Peipussee focht. Deshalb gibt es keine latente Gefahr durch Partisanenabteilungen, die in den vergangenen Jahren die rückwärtigen Verbindungslinien bedrohten. Das Heeresgruppenkommando bildet nach erfolgter Einschließung eine aus Polizei- und SS-Kräften zusammengestellte Kampfgruppe, die eventuell auftauchende Partisanengruppen vernichten soll.
Nur noch kleine und kleinste Grüppchen von Partisanen existieren im Spätherbst 1944 zwischen Tukkum und Libau. Es kommt zu keinen größeren Einsatz der Polizei-Kampfgruppe mehr. Die letzte Gefechtsberührung mit russischen Partisanen erfolgt Ende Oktober 1944 nördlich von Tukkum.
Die kurländische Bevölkerung will nichts mit diesen Partisanengruppen zu tun haben, die nun nicht mehr um die Befreiung ihrer Heimat kämpfen, sondern sich lediglich selbst am Leben erhalten wollen. Die baltische Bevölkerung hat die Schrecken einer russischen und einer deutschen Besatzungszeit erlebt und neigt in ihren Gefühlen mehr der deutschen Seite zu. Es kommt allerdings nicht zu spontanen Erhebungen der Jugendlichen, die eventuell an der Seite der deutschen Soldaten ihre Heimat verteidigen wollen. Die Zahl der lettischen Freiwilligen, die sich zur Waffen-SS melden, bleibt verhältnismäßig gering. Ihr ferneres Schicksal ist schwerer als das ihrer deutschen Waffengefährten. Es sind im Mai 1945 noch ca. 14.000 lettische Freiwillige in Kurland, die ausnahmslos gefangengenommen und von den Sowjets weit nach Osten transportiert werden – von wo es keine Wiederkehr gibt.
Das Leid der kurländischen Bevölkerung hat längst seinen Sinn verloren, als sich die Heeresgruppe Kurland zu ihren letzten Schlachten rüstet. Aber auch das

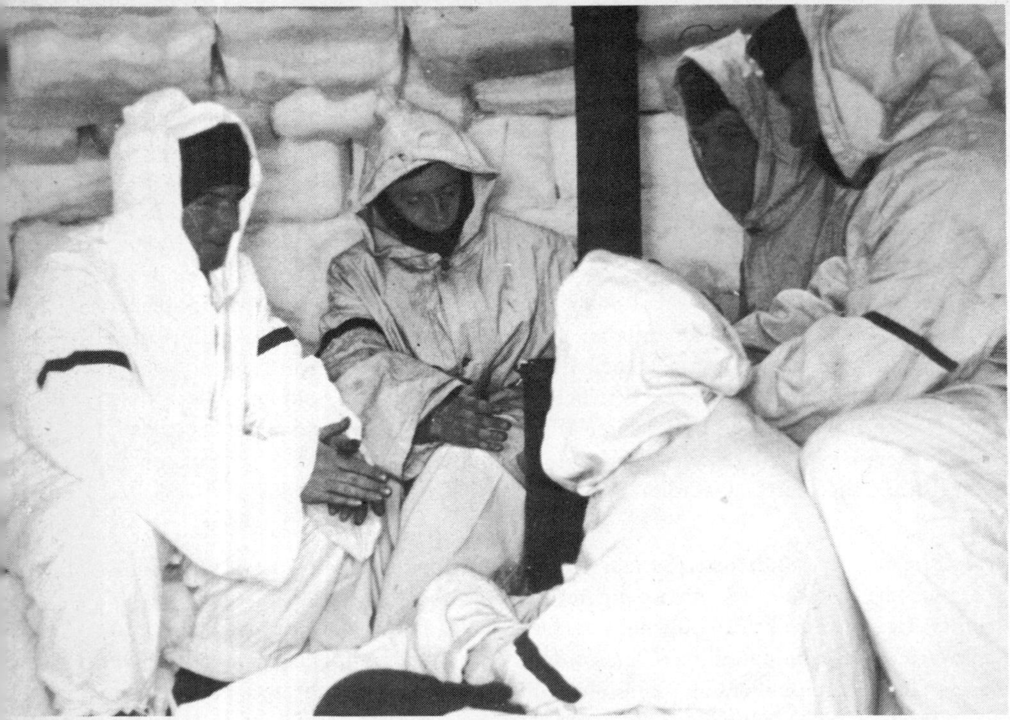

Der sechste Kriegswinter ist gekommen. Die Bedienung eines schweren Flakgeschützes wärmt sich am kleinen Kanonenofen im Bunker auf.

Ausharren der 16. und 18. Armee hat in dem Augenblick seinen letzten Sinn verloren, als sich 1945 überlegene sowjetische Heeresgruppen zur Offensive über die Oder bereitstellen. Die "Festung Kurland" bleibt im Strudel der Ereignisse, die im Frühjahr 1945 auf Deutschland zuströmen, vergessen – und ist es heute noch.

DIE FESTUNG

Die Kurlandschlachten
Dezember 1944 - März 1945

Mitte Dezember setzt Winterwetter ein. Schlamm und Modder werden steinharter Boden und damit Straßen und Wege passierbar. Die Kampftätigkeit lebt auf, die in den ersten beiden Dezemberwochen ziemlich nachgelassen hat. Beide Seiten nutzen die Zeit der Kampfpausen, um ihre Einheiten umzugruppieren. Die Heeresgruppe Nord verfügt Anfang des Monats über folgende Kräfte:

	Heer	SS/Polizei	Luftwaffe	Marine	Gesamt
16. Armee:	126.011	19.731	7.680	4	153.426
18. Armee:	302.179	18.716	25.039	6.186	352.120
	428.190	38.447	32.719	6.190	505.546

Die "Rote Armee" hat in der dritten Woche Dezember ihre Angriffsvorbereitungen beendet. Drei russische Armeen treten zum Angriff an, um einmal die beiden deutschen Armeen voneinander zu trennen und zweitens, Libau vom Osten her zu erobern.

Die Sowjets brauchen diesmal lange, ehe sie die Vorbereitungen zur dritten Kurlandschlacht beenden. Am 21. 12. ist es soweit: Punkt 7.20 Uhr bricht auf einer Breite von 35 Kilometern ein gewaltiger Feuerorkan los. 170.000 Granaten aller Kaliber fallen auf die Stellungen des I. und XXXVIII. A.K. Von 6.00 bis 9.00 Uhr am Morgen des 21. Dezember dauert dieser Feuerorkan, ehe 20 Feinddivisionen gegen die Gräben der 24., 205., 215., 290. und 329. I.D. stürmen. Das Fernziel der Roten Armee ist wieder die Spaltung der Heeresgruppe, und diesmal soll der Erfolg an der Straße Frauenburg – Libau erzielt werden.
Panzer von Typ T-34 und "Stalin" greifen Frauenburg frontal von Osten und Süden an. Noch bevor die feindliche Artillerie ihr Feuer in das Hinterland verlegt, sind die grau-grünen Ungetüme in die deutschen Hauptkampflinien eingebrochen. Die im Verbande der 11., 205. und 290. I.D. mit drei Batterien eingesetzte Heeres-Sturmgeschütz-Brigade 912 tritt sofort selbständig aus ihren Bereitstellungsräumen zum Gegenstoß an, reißt die eigene Infanterie mit voran und gelangt besonders dort, wo ihr Kommandeur, Hauptmann Brandner, selbst führt, über die vordersten Gräben der HKL hinaus.

Die Gräben und Bunker der 205., 215, 225. und 563. I.D. werden an diesem Morgen umgepflügt. Dann sind 3. Stoß- (Gen.Ob. Kasakov), 4. Stoß- (Glt. Malyschev), 10.

Gd.- (Glt. Korotkov) und 42. Armee (Glt. Swiridov) zum Sturm angetreten. Ihr Ziel ist, nach Frauenburg und Libau zu gelangen.
Schon eine halbe Stunde nach Angriffsbeginn reißt die Verbindung zur 225. I.D. Die 329. I.D. muß sich zur gleichen Zeit einem überlegenen Panzerangriff erwehren. Die 205. I.D. bricht unter den Schlägen feindlicher Kampfwagen und Schützen bei Frauenburg zusammmen.
Die schlesische 81. I.D. steht im selben Kampfraum. Die Panzerjäger des Majors Ziemer schießen ihren 100. russischen Panzer ab. Die baden-württembergische 205. I.D. hält in den nächsten zehn Tagen 210 Angriffen stand und vernichtet Teile von drei sowjetischen Divisionen. Das II./358 unter Hauptmann Bäuerle wird im OKW-Bericht vom 27. 12. gemeldet. Ebenso erfolgreich sind das Pr.Gren. Rgt. 25 (12. P.D.) und die lettische 19. SS-D. Die 290. I.D. wehrt in drei Tagen 52 Angriffe ab! Im Abschnitt der 205. I.D. werden 72 russische Panzer zerstört, von denen allein die 1. Batterie der Heeres-Sturmgeschütz-Brigade 912 unter Oblt. Schubert 37 abschießt.
Die Heeresgruppe verlegt schnellstens 12. P.D. und 227. I.D. in den bedrohten Raum nach Frauenburg. Die Gegenstöße verpuffen wirkungslos, auch wenn die Männer der Pz.Gren.Rgter 5 und 25 noch so tapfer kämpfen. Der Feind ist stärker!

Schwere russische Panzerkräfte stellen sich zum Angriff auf Pampali, südlich von Frauenburg, bereit. (Dezember 1944).

Die besten Waffengefährten des Grenadiers sind die Kanoniere der Artillerie. Zwar sind die sowjetischen Batterien an Zahl und an Schwere den deutschen weit überlegen, doch kann diese Überlegenheit wenigstens zum Teil durch die Kampferfahrung des feldgrauen Kanoniers ausgeglichen werden. Der größte Kummer für die Männer der Artillerie ist das langsame aber stetige Nachlassen der Munitionszufuhr.

Die Sowjets lassen im Raum Pampali, südlich von Frauenburg, deutlich den Schwerpunkt erkennen. Sie wollen von hier aus in einem Stoß nach Nordwesten die Bahnlinie Frauenburg – Libau gewinnen und damit die beiden deutschen Armeen auseinandersprengen. Panzer mit dem roten Stern dringen bis in vier Kilometer Tiefe vor. Sie finden erst Halt vor den Geschützen der Sturmgesch.Br. 912 (Hptm. Brandner). Die 132. I.D. (Glt. Wagner) kann nicht standhalten und weicht vor der Masse der anrollenden Panzer aus. Das G.R. 438 (Ob. Sierts) wird mit Teilen auf Pampali zurückgedrängt.

". . . in den Nachmittagsstunden erfolgte die vollkommene Einschließung. Zahl der Toten und Verwundeten steigt ständig. Munition, Verbandsmaterial und Verpflegung gehen zur Neige. Verbindung zum Regiment und zur Division nur mehr durch Funk möglich. Befehl zum Halten wird wiederholt durchgegeben. Ring wird enger. Igelbildung um Gefechtsstand. Für 24.00 Uhr Einstellung der Verteidigung und Versuch eines Rückzugs an Division angekündigt, ohne Munition, keinerlei schwere Waffen mehr, dazu eine große Zahl von Verwundeten. Antwort bleibt aus. Funkverbindung reißt ab. Warten bis 3.00 Uhr. Beschließen, vor Tagesanbruch auch ohne Befehl auszubrechen. Einteilung der Trägerkolonnen für die Verwundeten. Einige Schlitten werden organisiert, der Rest kommt in Zeltbahnen. Wir machen uns fertig. . . ." So meldet lakonisch der Divisionsbericht.
Die Sowjets sind beim I. und beim XXXVIII. A.K. eingebrochen. Die 11. I.D. wird zwischen 132. und 225. I.D., die beide schwerste Verluste erlitten, eingeschoben. Die 12. P.D. kann in der Nacht die Lücke zwischen 215. und 290. I.D. notdürftig schließen. Noch ist nirgendswo ein Durchbruch erfolgt. Die deutsche HKL ist aber überall zum Zerreißen gespannt.
Die ersten drei Tage des neuen Großkampfes vergehen in einem dauernden Hin und Her. Die norddeutsche 225. I.D. und die westdeutsche 132. I.D. liegen im Schwerpunkt der Kämpfe. Teile der 12. P.D. treten immer wieder zum Gegenstoß an. Besonders erwähnt sei das SPW-Btl. des Rgt. 5 unter Hauptmann Gauß, der überall an der Front als "der Mann mit der Schirmmütze" bekannt war. 11. I.D. wehrt noch am Vormittag des 24. 12. elf Einbrüche ab und die 215. I.D. stoppt den 111. Feindangriff gegen die Front. Die 31. VGD. bewährt sich ausgezeichnet beiderseits der Windau. Das bei Aunini fechtende Pz.Gren.Rgt. 12 (4. P.D.) verliert in zwei Tagen nahezu 1.400 Mann! Gegen 17.00 Uhr flaut fast überall der Kampflärm ab.

Die von den beiden AOKs am nächsten Tag angesetzten Gegenstöße schlagen nirgendswo durch. Feindliche Sturzkampfflieger, Panzer und Artillerie lassen die deutschen Soldaten nicht über die eigenen Gräben kommen. Allein am ersten Schlachttag sind 2.491 Flugzeuge der "roten" Luftwaffe über den Linien der Heeresgruppe. 42 werden abgeschossen. Am nächsten Tag fliegen 1.800 Kampfmaschinen, von denen 39 verlorengehen, ihre Angriffe auf die Stellungen in Kurland. Der 23. 12. bringt erneute Zunahme sowjetischer Lufttätigkeit. Diesmal werden 2.413 Flugzeuge gezählt!
Der feindliche Schwerpunkt liegt nach wie vor im Raum südlich Frauenburg. Die 4. Stoßarmee greift beiderseits Pampali mit 119., 360., 357., 378., 145., 239., 306., 164. und 158. Schtz.D. gegen die dünne HKL der 18. Armee an.
Die 16. Armee wehrt sich im Raum Zvardes gegen die 10. Gd.-Armee mit 56., 65., 53., 85., 30., 29., 119. und 7. Gd.D. und gegen 42. Armee, die 2., 268., 256. und 48. Schtz.D. eingesetzt hat.
Die Überlegenheit des Gegners ist enorm. Deutsche Grenadiere, Pioniere, Kanoniere, Panzerfahrer, Funker und Sanitäter wissen sich aber zu verteidigen. Aus der

Vielzahl der Einsätze seien u. a. genannt: Die baden-württembergische 205. I.D. (Glt. v. Mellenthin) wehrt den Angriff von drei Feinddivisionen ab. Die norddeutsche 290. I.D. (Gm. Baurmeister) schlägt 52 Feindvorstöße ab. Die 11. ostpreußische I.D. (Gm. Feyerabend) läßt elf Panzerangriffe vor ihrer HKL zerschellen.
Endlich – in der Nacht zum 23. 12. ist die deutsche Front überall wieder dicht!
Da beginnen die Sowjets ihre Offensive weiter auszubauen. Die 22. Armee (Glt. Juschkevitz) tritt nördlich Doblen zum Sturm gegen das VI. SS-K. (SS-OGruf. Krüger) an. Der Gegner kann hier die deutsche Front bis auf drei Kilometer Tiefe zurückdrücken. Die 19. SS-D. – die lettische Freiwilligendivision – wehrt sich erbittert. Die Angriffe werden dicht ostwärts von Dzukste vorerst zum Stehen gebracht.
Der nächste Tag ist der 24. Dezember.
Doch gibt es weder für Feind noch Freund Zeit und Gelegenheit, auf den Kalender zu sehen. Sowjetische Artillerie trommelt, russische Panzer fahren, deutsche MGs knattern, Verwundete stöhnen, Befehle werden geschrieben – der Kampf kennt keine Atempause.
"Etwa gegen 17.00 Uhr setzt das russische Feuer plötzlich aus. Der Kampflärm verstummte. Die unheimlich anmutende Ruhe hielt an, und nichts ließ darauf schließen, daß weitere Angriffe zu erwarten sein würden. So kam im ganzen Abschnitt doch noch weihnachtliche Stimmung auf. Bei Pinkas versammelte Pastor Sauerbrek eine kleine Gemeinde um sich. Der Divisionskommandeur besuchte seine Regimenter in den Stellungen." So lautet die Schilderung des Chronisten einer ostpreußischen Infanterie-Division.
Die sechste Kriegsweihnacht ist plötzlich da! Wo immer die Männer der Heeresgruppe stehen, schweifen die Gedanken in die ferne Heimat. Auch dort feiert man Weihnachten, aber auch dort ist Front. Die Städte und Dörfer des Vaterlandes versinken unter dem Hagel von Bomben in Schutt und Asche, und Abertausende aus Ostpreußen und dem Warthegau sind auf der Flucht vor der "Roten Armee". Wie fremd klingt da die Botschaft vom "Frieden auf Erden und den Menschen ein Wohlgefallen."
Die Divisionsgeistlichen sind auf dem Wege zu den vordersten Stellung. Da hocken die Feldgrauen in den Bunkern – oft finden die Überlebenden einer ganzen Kompanie in solch einem kleinen Bunker Platz (!) – Hindenburglichte erhellen matt den Raum und vereinzelt hängen Tannenzweige. Wo aber ein Weihnachtsbaum fehlt, hat man mit Grünstift einen solchen auf Munitionskisten gemalt. Der Festtagsbraten ist schimmliges, gefrorenes Brot und steinharter Käse.
In den rückwärtigen Unterkünften halten die Pfarrer oder Kommandeure Gottesdienste und kleine Feiern ab. Die Kirchen von Kurland sind in dieser Nacht und an den nächsten Tagen überfüllt. Dicht gedrängt stehen oder sitzen die Soldaten in den hohen und niedrigen Kirchen und Kapellen. Die lettische Bevölkerung – Frauen und Mädchen in buntfarbenen Kleidern und kostbaren Kopftüchern – lauscht ebenso wie der Grenadier aus Ostpreußen, Schlesien, Holland, Westfalen oder Berlin auf die ewige Botschaft der Geburt Jesu Christi.

Sternklar und kalt ist in Kurland die Heilige Nacht 1944. Das eindrucksvollste Erlebnis dieser unvergeßlichen sechsten Kriegsweihnacht gibt das Füsilierbataillon 11. Die Männer ziehen durch die schwarzen Wälder zur Ablösung nach vorn. Beim Abrücken ertönen aus ihren rauhen Kehlen keine trotzigen oder verzweifelten Gesänge mehr, sondern klingt das Lied: "Stille Nacht, heilige Nacht . . .!"
Es ist, als ob auch der grausame Gegner diesem Fest der Christenheit seine Achtung zollt. Zwei Tage lang liegt Ruhe und Frieden über dem Land. Erst mit Beginn des 26. Dezember brüllen an der Front vor Frauenburg Tausende von Geschützen wieder auf. Die Schlacht geht weiter!

"Heiliger Abend" 1944 in Kurland.

Schwerpunkt der neuen Offensive ist diesmal Dzukste südlich von Tukkum. Während sich hier 227. I.D. (Gm. Wengler), 81. I.D. (Gm. v. Bentivegni), 12. Lw.F.D. (Gm. Weber) und die lettischen SS-Verbände (Gm. Henze) mit aller Kraft gegen die anstürmenden Sowjets stemmen, bricht an entgegengesetzter Stelle der Front ebenfalls der Angriff los!

Gefechtsstand eines russischen Schützenkorps vor Tukkum im Dezember 1944.

Die 6. Gd.-Armee (Gen.Ob. Tschistjakov) stürmt von Süden her auf Libau. Das II. A.K. (Gen. d. Inf. Hasse) steht hier mit 126. I.D. (Glt. Fischer), 31. I.D. (Gm. v. Stolzmann) und 14. P.D. (Glt. Unrein). Die drei bewährten Divisionen geben keinen Fußbreit Boden auf. Sie lassen die 6. Gd.-Armee nur in die ersten Gräben kommen, weiter nicht! Die Front vor Libau bleibt standhaft!

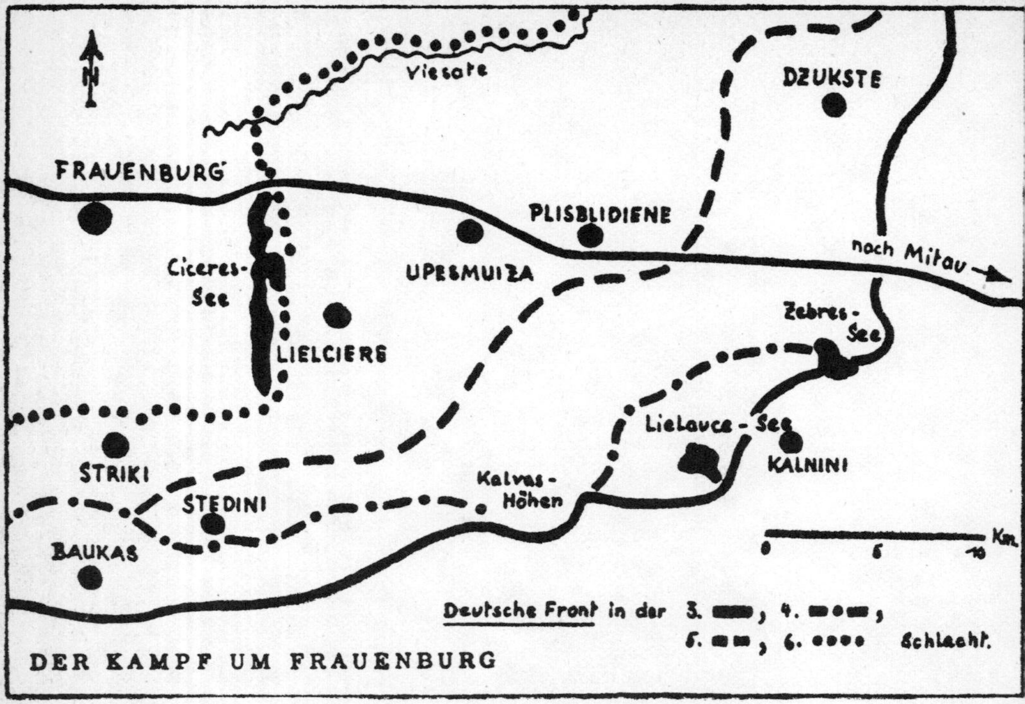

Schlimmer gestaltet sich die Entwicklung im Raum Dzukste. Hier gelingt es, nach einem Trommelfeuer von 60 Batterien den sowjetischen V. und XIX. Pz.K. mit 101. und 202. Pz.Br., die 19. SS-D. zu überrennen. AOK 16 holt sofort aus allen Teilen der Front Eingreifreserven heran, um die kritische Lage zu meistern. G.R. 272 (93. I.D.), G.R. 366 (227. I.D.) und Lw.Jäg.R. 24 (12. Lw.F.D.) verhindern am ersten Weihnachtsfeiertag den Zusammenbruch der Front vor Dzukste! Gegen Abend treffen erste Teile der 4. P.D. und das am Morgen in Libau angekommene MG-Btl. "Stettin" als Verstärkung ein.

Die Schlacht geht am nächsten Tag weiter. Die Sowjets versuchen auf der ganzen Front, irgendwo eine weiche Stelle bei den Verteidigern zu finden. Granaten wühlen die Erde um, Panzer überrollen letzte Sicherungen, Flammenwerfer räuchern Unterstände aus, Fliegerbomben zerfetzen die Straßen. Die Schlacht wogt hin und her. Eine besondere Kampfführung legt die 22. sowjetische Gd.D. an den Tag. Sie greift die 205. I.D. an. Die erste Welle der vorgehenden Schützen trägt deutsche Uniformen! Damit werden die Vorposten getäuscht. Die Panzerjäger sind aber auf ihrem Posten. Sie schießen von den nachfolgenden Kampfwagen 18 ab.

Die Heeresgruppe vernichtet an diesem Tag insgesamt 111 feindliche Panzer!

Der Kampf um Dzukste spielt sich am 27. 12. mit derselben Härte ab wie die Tage vorher. Die Sowjets wollen auf jeden Fall einen Erfolg erzielen, nachdem ihnen ein solcher weder vor Frauenburg noch vor Libau beschieden ist. Diesmal kennen sie keine Pause. Panzer auf Panzer werfen sie in die Schlacht. Die Verluste steigen. Die HKL reißt an einzelnen Stellen auf. Die Gegner brechen bis in zwei Kilometer Tiefe durch. Überall auf dem Gefechtsfeld halten sich Stützpunkte und kämpfen bis zur letzten Patrone. Die Divisionsgefechtsstände der 19. SS-D. (SS-Brig.Fhr. Streckenbach) und der 227. I.D. (Gm. Wengler) werden erbittert verteidigt. Das Lw.Jäg.R. 24 unter seinem hervorragenden Kdr., Ob. Kretzschmar, steht wie ein Fels in der Brandung. Die Luftwaffensoldaten geben keinen Boden preis. Ob. Kretzschmar stirbt mit der Waffe in der Hand den Soldatentod.

Fregattenkapitän v. Blanc, dessen Flottillen in ständigem Einsatz bemüht sind, das Schicksal der Landtruppen zu erleichtern.

Admiral Burchardi, Kommandierender Admiral östliche Ostsee.

Am Abend flaut die Schlacht ab.
Die Sowjets stellen ihre Durchbruchsversuche ein.
Die dritte Kurlandschlacht ist beendet!
Der Bericht des OKW am letzten Tag des Jahres 1944 meldet das Ergebnis:

> "Die Heeresgruppe Kurland hat 513 Panzer, 79 Geschütze und 267 Maschinengewehre der Roten Armee vernichtet und 145 Flugzeuge abgeschossen!"

Das Kriegstagebuch der Heeresgruppe verzeichnet folgende Verluste nach den ersten drei Schlachten: 16. Armee = 25.547, 18. Armee = 41.141, Armeeabteilung Kleffel (nur für erste Schlacht) = 5.415 Ausfälle an Soldaten. Ein Durchbruch nach Ostpreußen, in das von Woche zu Woche die Sowjets weiter eindringen, ist illusorisch geworden. Nur über Libau und Windau besteht noch Verbindung mit Deutschland.

Die Kriegsmarine hält diesen Weg offen und versorgt Kurland so gut es geht. 587 Schiffe bringen im Oktober 881.000 BRT Ladung zur Heeresgruppe, im November sind diese Zahlen auf 764 Dampfer mit 1.557.000 BRG gestiegen und im Dezember laufen 575 Schiffe mit 1.112.000 BRT die kurländische Küste an. Für neun Schiffe ist es die letzte Fahrt gewesen.
Die 9. Sicherungsdivision des Freg.Kapt. v. Blanc (sein Vorgänger, Konteradmiral Böhmer, fiel am 1. 10. durch Partisanen) und die U-Boote führen den Schutz dieser Transporter durch. Diese kleinen und kleinsten Fahrzeuge der Kriegsmarine versenken zwischen Oktober und Dezember sechs Leichter, fünf Bewacher, vier Segler, zwei Schlepper und je ein Minensuch-, Kanonen-, Schnellboot und Frachter. Das U-Boot U-479 geht auf deutscher Seite verloren.

Der Winter ist im allgemeinen milde und auch der Schneefall ist nicht so stark wie in denselben Monaten der vergangenen Jahre. Diese Situation ließe sich leicht meistern, wenn sich eben nicht die Kriegslage seit Beginn des neuen Jahres von Woche zu Woche verschlechtern würde. Die Heeresgruppe Kurland ist an der Front durch weit überlegene Feindkräfte gefesselt. Die Sowjets haben zwar ihre Gardedivisionen nach Ostpreußen und Pommern verlegt, doch bereits neue Truppen zugeführt.
Der Soldat vorn in den Gräben und in den rückwärtigen Stellungen weiß genau über seine Lage Bescheid. Er kennt den Gegner, der vor ihm steht, und ist sich im klaren, daß im Rücken und in der Flanke die weite See die einzige Verbindung mit der Heimat ist. Die wenigen Nachrichten, die der Grenadier erfährt, kommen mit der Zeit immer spärlicher aus Deutschland. Nur die Wehrmachtsberichte, Meldungen des Heeresgruppensenders in Libau, die Frontzeitungen und die Vorträge der Nationalsozialistischen Führungsoffiziere geben Kunde von den angloamerikanischen Bombenangriffen und von der neuen sowjetischen Offensive zwischen Weichsel und Oder. So bleibt für den Kurlandkämpfer seine letzte Aufgabe am Ende des Völkerringens: möglichst starke Feindkräfte zu binden, um dadurch die Verteidigung des Reichsgebiets zu erleichtern!
Das Oberkommando der Wehrmacht befiehlt im Januar den Abtransport mehrerer Divisionen in das Reich. Einige Verbände verlassen in diesen Wintertagen kurländischen Boden, auf dem sie sich hervorragend geschlagen haben. Die 4. P.D., 32. I.D. und Teile der abgekämpften 227. I.D. sind darunter, ihnen folgen Truppen der 218., 389. I.D. und die lettische 15. SS-D., sowie das Generalkommando des III. SS-P.K. Der Stab des Oberkommandos der Heeresgruppe erfährt ebenso eine Änderung. Generaloberst Schörner, der am 1. 1. 1945 das Eichenlaub mit Schwertern und Brillanten erhält, und Generalmajor v. Natzmer übernehmen den Befehl über die Armeen in der Mitte der Ostfront. Generaloberst Rendulic und der bishergie Generalstabschef der 18. Armee, Generalmajor Foertsch, treten als ihre Nachfolger das schwere Amt an. Die Oberquartiermeisterabteilung wird an die Heeresgruppe Weichsel abgegeben, nur ein kleiner Stab bleibt in Kurland.

Die Heeresgruppe wird am 25. Januar in Heeresgruppe "Kurland" umbenannt. Später wird der Ärmelstreifen "Kurland" als besondere Auszeichnung für das treue Aushalten gestiftet. Dieses Band stellt eine Weberei in Goldingen her, während lettische Frauen in Heimarbeit die restlichen Näharbeiten an der letzten deutschen Kriegsauszeichnung tun. Das 3,8 cm breite Band trägt auf silbergrauem Stoff das Hochmeisterwappen des Ritterordens und den Elchkopf aus dem Stadtwappen von Mitau, dazwischen steht das Wort KURLAND.

Generalleutnant Foertsch, Chef des Generalstabes der Heeresgruppe Kurland bis Kriegsende. Nach Rückkehr aus Kriegsgefangenschaft 1955 wird er Generalinspekteur der Bundeswehr.

Generalmajor von Natzmer, Chef des Generalstabes der Heeresgruppe bis 27. 1. 1945.

Neujahrsmorgen vor der Front der 16. Armee. Die Bedienung einer 7,5 cm-Pak erwartet den Feind.

Die Stärkemeldung der Heeresgruppe vom 1. Januar 1945 lautet:

Heer	=	357.000 Mann
Luftwaffe	=	20.500 Mann
SS u. Polizei	=	12.000 Mann
Zivil	=	10.000 Mann
		399.500 Mann

Der Kraftfahrzeugbestand beläuft sich beim Heer auf 10.050 und bei der Luftflotte auf 2.265 Kfz. Pferde sind noch 8.778 vorhanden. Ferner befinden sich ca. 10.000 Gefangene im Gewahrsam der Heeresgruppe.

Die Front der Heeresgruppe verläuft von der Küste, 20 Kilometer südlich Libau, zehn Kilometer nach Osten, knickt dann scharf nach Nordosten ein, um dicht südlich Durben und Schrunden bis in Höhe Frauenburg zu führen, von hier reicht die HKL

Im Jahre 1945 kommt Generaloberst Frhr. v. Vietinghoff-Scheel (rechts) vom italienischen Kriegsschauplatz als Oberbefehlshaber nach Kurland und erwirbt sich schnell das Vertrauen der Truppe.

wiederum nach Nordosten, hart ostwärts Tukkum vorbei und stößt bei Klapkalnice an den Rigaer Meerbusen.
Die sowjetischen Kräfte haben bei Jahresanfang ebenfalls Veränderungen erfahren. Einige Armeen werden nach Ostpreußen abgezogen. Es verbleiben Mitte Januar in den drei großen Abschnitten der kurländischen Front unter dem Oberbefehl von Marschall Goworow:

Raum Libau:	51. Armee mit elf Divisionen, 6. Gd.Armee mit zehn Divisionen, 4. Stoßarmee mit sieben Divisionen, III. mech. Gd.K. mit 18 Brigaden.
Raum Pampali – Frauenburg:	42. Armee mit sieben Divisionen, 10. Gd.Armee mit zwölf Divisionen,

XIV. Gd.Schtz.K. mit drei Divisionen,
XIX. Pz.K. mit zwei Brigaden.

Raum Tukkum: 22. Armee mit fünf Divisionen,
1. Stoßarmee mit fünf Divisionen,
67. Armee mit fünf Divisionen,
V. Pz.K. mit zwei Brigaden.

Die Umgruppierung der feindlichen Streitkräfte ist in der zweiten Hälfte des Januar abgeschlossen. Dann beginnt die vierte Kurlandschlacht.
Kurze, schwere Feuerschläge der russischen Artillerie eröffnen am Morgen des 24. 1. die neue Offensive.
Elf Divisionen der Roten Armee sind beiderseits Preekuln bereitgestellt, um von hier aus nach Westen und Nordwesten vorzustoßen. Das Ziel bleibt erstens Libau und zweitens die Trennung der beiden deutschen Armeen an der Straße Frauenburg – Schrunden. Die Sowjets wenden neuerdings eine Taktik an, bei der sie an verschiedenen Stellen zu gleicher Zeit angreifen. Dadurch sollen die deutschen Reserven her-

Das Gut Preekuln der Grafen von Korff, das der Stadt den Namen gab, um die sich heftige Kämpfe bis zur Kapitulation abspielen.

ausgelockt und verzettelt werden, um dann auf schmalem Raum an einem Punkt die Front durchbrechen zu können.
Die volle Stärke des Angriffs trifft auf die 30. I.D. und auf die SS-D. "Nordland". Die sowjetischen Schützen dringen in die Hauptkampflinie ein, wo sich erbitterte Nahkämpfe abspielen. Drei Tage lang wogen diese Gefechte, bei denen sich die deutschen Regimenter fechtend an und über die Vartaja zurückziehen.
Die 18. Armee löst sofort nach Erkennen des feindlichen Schwerpunkts einige Einheiten aus den weniger bedrohten Frontstellen. Die altbewährte 14. P.D. wird südlich Hasenpoth zur Vartaja befohlen. Ein gespenstiger Zug von Fahrzeugen aller Art – "Panther"-Panzer, Volkswagen, Zugmaschinen, Ford, Opel, Renault, Studebaker und andere mehr – die mit Waffen, Munition, Grabengeräten, Bunkeröfen, sonstigem Material und Menschen beladen sind, bewegt sich zum Kampffeld.

Die sächsischen Panzergrenadiere, unterstützt von der schweren Panzerabteilung 510 des Majors Gilbert, treten am 25. 1. zum Gegenangriff in die Wälder von Kaleti und Purmsati an. Am Abend ist die alte Grabenlinie wieder erreicht, und 63 Russenpanzer liegen verkohlt in den verschneiten Busch- und Kieferngruppen. Fünf Tage später setzen die Gegner zum Stoß über die Vartaja an und bilden mit Hilfe überlegener Artillerie und Werfer zwei Brückenköpfe. Die Sowjets gewinnen nördlich Preekuln ebenfalls Raum, doch läßt ihr Schwung merklich nach, als die 121. und 126. I.D. in die Abwehr eingeschaltet werden.
Während sich die gegnerischen Angriffsdivisionen an der Vartaja festlaufen, stürmen neun weitere Divisionen gegen die Front der südwestdeutschen 205. und 215. I.D. bei Frauenburg. Die 205. I.D. vernichtet in fünf Tagen im Gobaswald 117 Panzer. Auch die 225. I.D. kämpft verbissen um jeden Meter Boden und die "Greifdivision" (122. I.D.) wehrt am 31. 1. südostwärts Zvarde 20 Angriffe ab. Bataillone und Abteilungen der 12. P.D. müssen als letzte Reserven antreten. Teile der schlesischen 81. I.D. bereinigen mit unterstelltem Gren.Rgt. 32 einen sowjetischen Einbruch südlich Tukkum. Dann versickert in Schnee und Schlamm auch diese Offensive.
Der Bericht des Oberkommandos der Wehrmacht gibt bekannt, daß die Rote Armee in der Zeit zwischen 24. Januar und 3. Februar an der kurländischen Front 45.000 Mann Verluste zu beklagen hat und 541 Panzer verlor.

Generaloberst v. Vietinghoff trifft aus Italien kommend in Kurland ein, um den Oberbefehl zu übernehmen. Sein Vorgänger, Generaloberst Rendulic, hat bereits am ersten Tage seiner Tätigkeit in Windau die Abberufung nach Ostpreußen erhalten und dem Oberbefehlshaber der 16. Armee, General der Infanterie Hilpert, vertretungsweise die Führung der Heeresgruppe anvertraut. Der neue Oberbefehlshaber geht mit wahrer Menschlichkeit und Gefühlswärme an seine Arbeit und erwirbt in kurzer Zeit das Vertrauen der Soldaten.
Die Sowjets werden von Tag zu Tag stärker. Ihre Flugzeuge greifen im Tiefflug Ortschaften, Waldränder, Straßen- und Bahnlinien an. Bomberverbände fliegen wieder-

holt gegen Libau und Windau und die in den Häfen liegenden Geleitzüge. Ein sowjetischer Angriff dieser Art wird in den Februartagen von der deutschen Abwehr vollkommen zerrupft. Batterien der 6. Flakdivision schießen bereits auf dem Anflug 40 Maschinen ab, und über Libau stürzen noch einmal 60 Flugzeuge brennend ins Meer und aufs Land. Zur gleichen Zeit werden über Windau in zwei Tagen 19 und 29 Maschinen zum Absturz gebracht. Besonders erfolgreich ist die 3. Staffel des Jagdgeschwaders 54 an diesen Siegen beteiligt. Diese Jagdflieger sind neben einigen Aufklärern die einzigen fliegenden Verbände der Luftflotte 1.

Die Heeresgruppe ist aber in diesen Wochen nicht müßig. Sie plant eine Rückführung der Truppen und gruppiert ihre Kräfte entsprechend um. So verbleiben in den vordersten Gräben nur Stützpunkte, während weiter zurück sich bewegliche Reserven bereitstellen. Es bilden sich neue Sperrverbände. Die 12. P.D. gliedert sich in "Leichter-" und "Schwerpunktbrigade". "Panzerbrigade Kurland" unter Oberst v. Usedom, später Major Graf v. Rittberg, entsteht. Ihre Kompanien werden von der 12. und 14. P.D. abgestellt und diese Brigade ist mit ihren Panzern, Panzer-

jägern, Sturmgrenadieren, Pionieren und den anderen Waffen bis zum Ende des Krieges als eine schlagkräftige Reserve der Heeresgruppe immer an den Brennpunkten der Schlacht eingesetzt. Das Fahnenjunkerregiment "Kurland" und die Ausbildungsdivision mit gleichem Namen werden im Februar aufgestellt.
Tragisch ist das Schicksal der vielen lettischen Freiwilligen, die als deutsche Soldaten verzweifelt ihre Heimat verteidigen. Für sie gibt es keine Hoffnung mehr, sondern nur Kampf und Tod. Viele Letten melden sich auch jetzt noch freiwillig! Sie werden in den rückwärtigen Armeegebieten zu sieben Bau- und drei Polizeibataillonen, Nachschub- und Sanitätseinheiten, sowie als Kampfhelfer der Luftwaffe ihren Einsatz finden.

Ein Bericht dieser Tage vermeldet den Einsatz lettischer Freiwilliger mit folgenden Worten:

> "In der letzten Phase der Schlacht vom 28. – 31. Dezember verteidigte die 6. Kompanie den Stützpunkt Vanagi, zwölf Kilometer nordwestlich von Doblen. Der Abschnitt des Regiments zwischen zwei Sümpfen wurde vom 100. sowjetischen Gardekorps laufend angegriffen. Jedesmal wurde der Gegner im Gegenstoß von wenigen Panzern und Grenadieren zurückgetrieben. Am 29. Dezember belegte der Feind den Stützpunkt ununterbrochen mit stärkstem Feuer. Um Verluste zu vermeiden, wurde der Ort vorübergehend geräumt. In drei Tagen wechselte Vanagi siebzehnmal seinen Besitzer – und blieb endgültig in deutsch-lettischer Hand!"

Die lettische Bevölkerung muß die Schrecken des Krieges über sich ergehen lassen. Sie leidet in den letzten Kriegsmonaten erheblichen Mangel an notwendigster Verpflegung. Sowjetische Kampfflugzeuge und weitreichende Artillerie beschießt Städte und Dörfer, zerstört Verkehrsverbindungen und legt die Versorgung lahm. Dort, wo sich die Schlacht abspielt, gehen die Herrenhöfe, aber auch die kleinen Holzhütten in Flammen auf. Trotz allem versuchen die deutschen Führungsstellen, die lettische Bevölkerung von einem Sinn ihres Aushaltens zu überzeugen. Plakate und Aufrufe rechtfertigen den Einsatz deutscher Soldaten in Kurland.
Die zweifache Verwaltung Kurlands – militärisch und politisch – führt selbstverständlich zu Reibereien zwischen dem Heeresgruppenkommando und den zivilen Behörden. Da die Reichsregierung in Berlin immer noch den Schein einer wahren Herrschaft über dem Ostland aufrecht erhält, wird auch nicht die Einsetzung eines Landesführer Kurland gebilligt. Das Heeresgruppenkommando glaubt im Dezember 1944, mit der Bildung einer einheimischen Regierungsstelle unter einem deutschgesinnten lettischen General den Belangen der Bevölkerung am besten entgegenzukommen.

Das Verhältnis zwischen der einheimischen Bevölkerung und den deutschen Soldaten ist in den Kriegsjahren überaus herzlich. Das Bild zeigt den Besuch von lettischen Mädchen in Volkstracht in einem Lazarett der lettischen Freiwilligen-SS-Division.

AUS DEN BERICHTEN DES OBERKOMMANDOS DER WEHRMACHT ÜBER DIE ERSTE BIS VIERTE KURLANDSCHLACHT

7. 11. 1944: "In Kurland hat sich die im Brennpunkt des feindlichen Großangriffs stehende pommersche 32. Infanterie-Division unter Führung des Generalleutnants Boeckh-Behrens hervorragend geschlagen."

28. 11. 1944: "In den harten Abwehrkämpfen in Kurland hat sich das I. Bataillon des württembergisch-badischen Grenadierregiments 335 unter Führung des Hauptmanns Alm durch besondere Tapferkeit ausgezeichnet."

27. 12. 1944: "Bei den schweren Abwehrkämpfen in Kurland haben sich die 205. Infanterie-Division unter Führung des Generalleutnants v. Mellenthin und die 19. SS-Freiwilligendivision unter SS-Gruppenführer Streckenbach hervorragend geschlagen."

28. 12. 1944: "In den harten Kämpfen der dritten Kurlandschlacht haben sich die norddeutsche 225. Infanterie-Division unter Führung von Generalleutnant Risse und die pommersche 12. Panzer-Division unter Führung von Generalleutnant v. Bodenhausen durch hervorragende Standhaftigkeit ausgezeichnet."

29. 12. 1944: "In der Abwehrschlacht in Kurland haben sich die mitteldeutsche 31. Volksgrenadierdivision unter Führung des Generalmajors v. Stolzmann und die württembergisch-badische 215. Infanterie-Division unter Führung von Generalleutnant Frankewitz in Abwehr und Angriff besonders bewährt. Letztere schlug allein in der Zeit vom 21. bis 27. Dezember 111 feindliche Angriffe, die meisten davon in Bataillons- und Regimentsstärke ab."

29. 1. 1945: "Hauptmann Everling, Kompanieführer in einem Panzerregiment (Pz.Rgt. 36), zeichnete sich südöstlich Libau durch besondere Kühnheit aus. Er stieß mit fünf Panzern in eine feindliche Panzerbereitstellung und vernichtete 17 Panzer des Gegners."

Die Heeresgruppe Kurland hat wiederum einen sichtbaren Erfolg errungen. Die Verluste sind allerdings so hoch, daß ihr Kampf nur noch eine Zeitfrage sein kann. Es besteht feste Gewißheit, daß beide Armeen nicht mehr lange den feindlichen Großoffensiven standhalten können. Der Ausfall an Menschen und Material wird auch nicht durch hervorragenden Einsatz der Transportschiffe und der 9. Marine-Sicherungsdivision wettgemacht. In der Zeit vom 1. bis 13. 2. gelangen nur 13.000 t Nachschub über See nach Kurland. Das ist aber zu wenig!
Gen.Ob. v. Vietinghoff läßt gleich am Anfang seiner neuen Tätigkeit eine Studie entwerfen, die den Abtransport der Heeresgruppe über See zum Inhalt hat. Oberstlt. i. G. Hoefer vom Heeresgruppenkommando legt bereits am nächsten Tag die Studie "Laura" vor, die u. a. besagt.

> "Bei Festhalten am bisherigen Auftrag besteht die große Gefahr der allmählichen Aushöhlung der Heeresgruppe, so daß der Russe zu gegebener Zeit . . . die eigene dünne Sicherungslinie wird leicht durchbrechen können. . . . Der Ausbruch nach Süden ist nach Aufgabe von Memel und Zurücknahme der Front in Ostpreußen gegenstandslos geworden. Es kommt daher nur noch eine Verkleinerung des Brükkenkopfes unter Abtransport möglichst vieler Divisionen mit vollem Gerät in Frage. . . . Die Lösung, die die meisten Kräfte freimacht, ist die Zurücknahme zunächst auf einen größeren Brückenkopf Libau. . . . und auf einen kleineren Brückenkopf Windau . . . Es gehen auf Libau zurück: 18. Armee und die drei rechten Korps der 16. Armee; auf Windau: XVI. A.K. und Küstenschutz."

Die Studie behandelt weiterhin den genauen Transportplan, nach dem innerhalb von 15 Tagen bei einem täglichen Schiffszulauf von drei Transportern und neun Frachtdampfern die Heeresgruppe mit allen Fahrzeugen verladen sein könnte.
Dieser Plan wird nach Berlin weitergeleitet und bildet u. a. bei den Besprechungen am 15. und 17. 2. die Unterlage, nach der Gen.Ob. Guderian den Abtransport der Heeresgruppe für dringend erachtet. Großadmiral Dönitz, OB. der Kriegsmarine, schließt sich diesen Vorstellungen an. Er berichtet wörtlich:

> "Der Plan für die Rückführung ist ausgearbeitet. Bei rücksichtslosem Einsatz der verfügbaren Schiffe, Drosselung aller übrigen Anforderungen an Schiffsraum und stärkster Unterstützung durch die Luftwaffe rechne ich mit vier Wochen für die Rückführung der Mannschaften und des notwendigen Materials. . . . Die Verladekapazität von Windau und Libau ausreichend."

Hitler starrt den Großadmiral wortlos an, dann wendet er seinen Blick zu Gen.Ob. Guderian:

> "Eine Rückführung der Kurlandtruppen kommt nicht in Frage!"

Der Feind wird von Tag zu Tag in Kurland stärker. Seine Kampffliegerstaffeln überwachen den gesamten Luftraum. Die Geschwader fliegen wiederholt die Häfen Libau, Windau und die einfahrenden Geleitzüge an. Ein Großangriff im Februar auf Libau bricht im Feuer der Batterien der 6. Flak-D. (Glt. Anton) zusammen. 40 Maschinen stürzen vor Erreichen ihres Zieles brennend ab. Dann sind die "FW 190" der I./JG. 54 (Major Eisenach) da. Die Gruppe des "Grünherzgeschwaders" ist noch der einzige fliegende Verband in Kurland! Die Jäger stürzen sich wie Habichte auf die Sowjets und schießen 60 Flugzeuge ab. Oblt. Kittel, Chef der 2./JG. 54 – der erfolgreichste Jagdflieger im Nordabschnitt der Ostfront – erringt seinen 267. Luftsieg! Dann trifft auch ihn die tödliche Kugel.
Die Luftangriffe auf Libau und Windau – über diesem Hafen werden in zwei Tagen 48 Feindmaschinen zum Absturz gebracht – sind die Vorboten einer Offensive. Die Heeresgruppe muß sich darauf einstellen. Überall werden bewegliche Reserven ausgeschieden, die sich in der zweiten oder dritten Stellung bereithalten. Die HKL ist nur stützpunktartig besetzt.

Genesene kehren zu ihren Truppenteilen zurück. Fast alle Frontsoldaten haben den Wunsch, auch den Rest des Krieges bei ihrem "alten Haufen" zu erleben.

Die russischen Truppen unternehmen Ende Januar 1945 den Versuch, doch noch nach Libau zu kommen. Als es nicht gelingt, im direkten Stoß von Süden her bis nach Libau zu dringen, greift der Russe noch einmal im nördlichen Frontteil zwischen Frauenburg und Tukkum an. Doch auch hier hält die deutsche Front.
Der Hafen Libau (Bild oben) bleibt der Heeresgruppe als Nachschubzentrum erhalten. Verbände der Kriegsmarine benutzen den Hafen als Ausgangsbasis für kleinere Minenunternehmungen oder Vorstöße in die Rigaer Bucht. Handels- und Transportschiffe bringen Menschen, Waffen und Material nach Libau, wo die Menschen und Güter auf Lkws verladen werden, um an die Front zu kommen.

Schnee bedeckt das Land, als der Februar seinen Einzug hält. Die Soldaten der Heeresgruppe wissen, daß die Sowjets noch nicht aufgeben, so lange die Witterung eine Kriegführung zuläßt. Sie wissen aber auch, daß sie auf ihre eigene Kraft vertrauen müssen, denn Nachschub an Reserven gibt es kaum. Sie stehen Tag und Nacht auf Wache. Es sind noch knapp 400.000 deutsche Soldaten und Wehrmachtsangehörige, die Anfang Februar den nächsten Angriff der "Roten Armee" erwarten. Die Zahl setzt sich wie folgt zusammen:

Heer:	352.000 Mann
Luftwaffe:	21.000 Mann
Waffen-SS:	12.000 Mann
OT, Zivil, Hiwis u. a. m.	12.600 Mann
Stäbe:	2.400 Mann

Die Frontlänge beträgt 240 Kilometer, die von 48.200 Grenadieren in der vordersten HKL geschützt wird, d. h.: es stehen pro Kilometer nur 168 Mann hinter den Waffen!

Mit 18 Schützendivisionen leitet der Gegner am 20. Februar zwischen Dzukste und Irlave die neue Offensive ein. Wenige Tage später stoßen 21 Schützendivisionen und 16 Panzerbrigaden nördlich Preekuln vorbei in allgemeiner Richtung Libau vor.

Schlagartig setzt das feindliche Trommelfeuer morgens 7.00 Uhr auf der Front vor und nördlich Preekuln ein. Die Masse der angreifenden Schützen- und Infanterieverbände gibt Gewißheit, daß die Sowjets hier die Hauptkampflinie durchbrechen wollen, um geradewegs an den Vartajahöhen über Durben auf Libau vorzugehen. 12. Lw.F.D., 126., 121., 290., 263. I.D. halten die waldreichen Stellungen beiderseits Preekuln vorerst noch. Überall sind die Gegner in die vordersten Gräben eingedrungen und rücken bereits darüber hinaus weiter.

Das Grenadierregiment 426 kann trotz verzweifelter Gegenwehr dem Ansturm nicht standhalten. Die Reste des Regiments weichen bis zu einer Kiesgrube bei Preekuln zurück. Hier igeln sich die 2.000 Soldaten ein und schlagen drei Tage lang die feindlichen Angriffe ab. Dieser Stützpunkt wird zu einem Wellenbrecher im Sturm des überlegenen Gegners. Oberst Daubert ermöglicht mit seinen übermüdeten und ausgehungerten Männern, daß sich die 126. I.D. auf dem jenseitigen Höhengelände zur Verteidigung einrichten kann. Dann bricht der Russe in die Kiesgrube ein; aber in derselben Minute wagen die Grenadiere aus dem Rheinland und Westfalen den Ausbruch und schlagen sich bis zu den eigenen Linien durch.

Rote Panzer- und Infanterieverbände dringen nördlich Preekuln in die Waldstellungen um Malini und Berzini ein. Hier hat die Armee den Angriff erwartet und Kompanien der 11. I.D. und 14. P.D. bereitgestellt.

Die Ostpreußen treten sofort zum Gegenstoß an und stürmen ungeachtet schwerer Verluste die Höhe 85,6 und 103,5. Ein tagelanger Kampf spielt sich nun im tiefen Schnee um diese Höhen ab; wieder zeichnet sich die Heeres-Sturmgeschütz-Brigade 912 besonders aus; Hauptmann Brandner erhält das Eichenlaub.

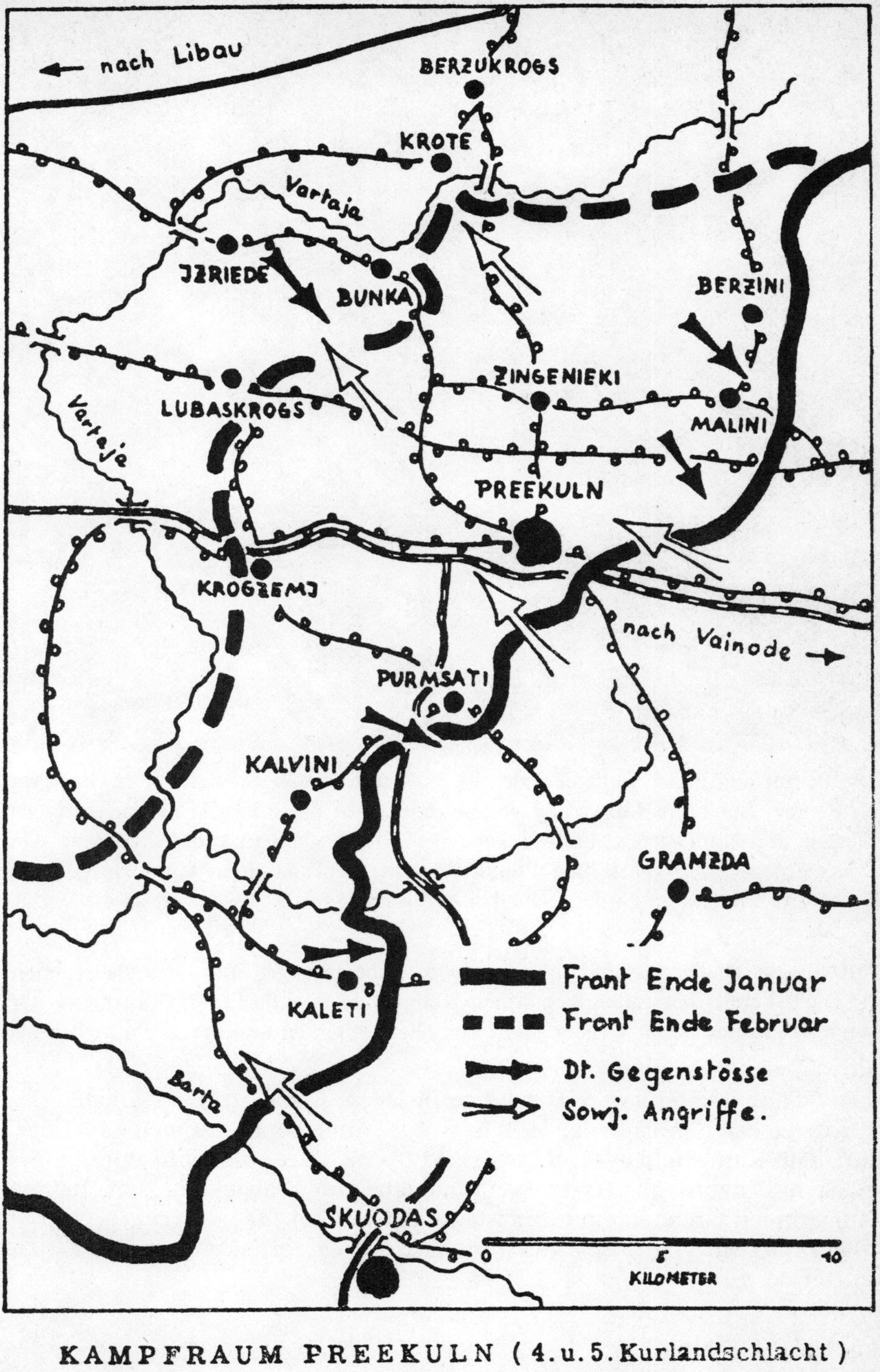

KAMPFRAUM PREEKULN (4. u. 5. Kurlandschlacht)

Die Panzer und Panzergrenadiere der 14. P.D. sind überall auf der weiten Front von Krote über Bunka bis Lugaskrogs verteilt. Sie bilden das Rückgrat der langsam nach Westen und Nordwesten abschwenkenden vier deutschen Infanteriedivisionen. Der Flaksperriegel südostwärts von Bunka verwehrt den erstrebten feindlichen Durchbruch auf Izriede und Durben. Nur bei Krote können die Sowjets bis an die Vartaja vorfühlen.

Mittlerweile ist der Kampf um Preekuln zu Ende gegangen. Das Grenadierregiment 422, das bereits am ersten Tag seinen Kommandeur verliert, verteidigt diesen Ort noch 48 Stunden. Der Gegner greift von allen Seiten an und in der Nacht brechen

Die "Tiger"-Abteilung 510 gehörte in jenen Tagen zu den stärksten und erfolgreichsten Waffen der Heeresgruppe. Auch wenn nur wenige "Tiger" auf dem Kampffeld auftauchten (Bild oben), waren sie nicht nur den russischen Panzern überlegen, sondern gaben den abgekämpften, müden, hungernden Grenadieren moralischen Beistand.
Das Bild zeigt eine Reparaturwerkstatt der "Tiger"-Abteilung 510 dicht hinter der Front.

die Grenadiere unter Zurücklassung der schweren Waffen, des vielen Gerätes und der Gefallenen im Kampf Mann gegen Mann zur eigenen Division durch. Diese hat sich mit eilig aufgestellten Alarmeinheiten aus Versprengten und eines soeben eintreffenden Marschbataillons verstärkt und hält bis zum Ende ihrer körperlichen Widerstandskraft eine Stellung nördlich der Stadt. Die rheinländisch-pfälzische 132. I.D. rückt am 24. Februar heran und löst die 126. I.D. ab, die ihre schwerste Abwehrschlacht dieses Krieges überstand! Ebenso schwere Kämpfe steht die 121. I.D. durch, die trotz hoher Verluste (sämtliche Bataillonskommandeure ausgefallen) noch 250 Panzer vernichtet und als Gruppe Ranck die Schlacht fortsetzt, bis sie von der 225. I.D. abgelöst wird.
Der Russe hat in den letzten Februartagen einen größeren Ansgriffsverband vor Bunka gebildet. Doch hier ist die deutsche Front abwehrbereit. Teile der 21. Lw.F.D., das bewährte Sturmbataillon 18, das Nebelwerferregiment 70 und Heerespioniere verstärken die 14. P.D., Heeresfla-Abtlg. 276 übernimmt den Schutz der Brücken. Mörderisches Abwehrfeuer aller Waffen schlägt den angreifenden Sowjets entgegen, die nirgendswo einen Erfolg erzielen können. Die Masse der vorstürmenden Schützen bleibt tot oder verwundet im deutschen Vorfeld liegen. Die sowjetische Armee erholt sich von diesem Schlag nicht und stellt am 28. Februar jedes weitere Unternehmen an dieser Frontstelle ein.
Doch noch ist diese Schlacht nicht beendet. Zwar ist es dem Gegner nicht gelungen, Libau zu erreichen, da soll ein neuer Stoß bei Frauenburg die 16. Armee überrennen. Der Russe tritt am 1. März ostwärts der Stadt gegen die Stellung des VI. SS-K. an. Die 122. I.D. wird in tagelangen Kämpfen bei schneidendem Frost auf den Lemzeresee geworfen, hält aber an der Brocenienge jeden weiteren Vorstoß ab. Die 218 I.D. kann mit Unterstützung der 12. P.D. am 10. 3. allein 25 Panzer vernichten.
Das russische V. P.K. stürmt zwei Tage später auf breiter Front vor. Die Soldaten der 24., 122., sowie der lettischen 19. SS-D. und der Panzerbrigade "Kurland" unter Oberst v. Usedom bringen in den dichten Wäldern bei Lielblidiene und Upesmuiza und an der Eisenbahn Doblen – Frauenburg den Stoß zum Erliegen. Die Reste der 21. Lw.F.D. halten den Raum um Dungaga sicher.
Die 20 Feinddivisionen buchen als einzigen Gewinn die Einnahme von Dzukste. Doch ist dieser Erfolg angesichts der Standhaftigkeit der deutschen Truppen bedeutungslos. Schwer sind die eigenen Verluste: das Stettiner Maschinengewehrbataillon 450 zählt noch über den halben Mannschaftsbestand, das Panzergrenadierregiment 108 ist fast völlig aufgerieben und das Pionierbataillon 13 hat noch 100 Soldaten!
Plötzlich setzt am 11. März im kurländischen Raum Tauwetter ein. Sofort verwandeln sich die Staßen und Wege in schlammige Bänder; die Wälder stehen bald auf Morast und die Wiesen werden zu Sümpfen. Da bricht die Rote Armee die 5. Kurlandschlacht ab. 70.000 Tote und Verwundete, 608 Panzer, 178 Flugzeuge, 436 Geschütze, 46 Granatwerfer und 340 Maschinengewehre hat der Gegner verloren.

General d. Inf. v. Krosigk (+ 16. 3. 1945), Komm. General des XVI. A.K., O.B. der 16. Armee (bei Befehlsübernahme gefallen).

General der Gebirgstruppen v. Volckamer, bis 11. 4. 1945 Komm. General des L. A.K., bis zur Kapitulation Oberbefehlshaber der 16. Armee.

Wieder ist eine Schlacht geschlagen – und wie soll es weitergehen?

Eine kurze Kampfpause tritt für die Kurlandkämpfer ein.
Lang anhaltender Regen setzt in wenigen Tagen das ganze Land unter Schlamm. Flüsse und Seen treten über die Ufer und überschwemmen das Gelände, Gräben und Unterkünfte ertrinken im Wasser. Straßen und Wege lösen sich auf, und die Knüppeldämme verschwinden im Morast. Die Truppe geht daran, die wenigen Verbindungslinien aufrecht zu erhalten, da jeder Nachschubverkehr ins Stocken gerät. So werden aus russischen Hilfwilligen Baubataillone gebildet, die Faschinenteppiche und Knüppeldämme errichten. Zum Glück sind die Eisenbahnlinien Libau – Frauenburg und Grobin – Hasenpoth noch intakt und der Transportzug "Feuriger Elias" bringt die notwendigsten Güter an alle Stellen, wo sie gebraucht werden. Verpflegung und Munition sind Mangelware. Die Grabensoldaten erhalten zusätzliche Lebensmittelrationen mit der Aufschrift "Für den Frontkämpfer im Großeinsatz", von den Grenadieren "Rabbatzpäckchen" betitelt. Doch reichen alle Hilfen nicht ganz aus; besonders die "Neuen", der frischeingetroffene Ersatz, leiden unter den ungewohnt kleinen Rationen.
Nach wie vor wird die Ausbildung vorangetrieben, Fahrzeuge und Waffen werden instandgesetzt, Truppenteile werden zusammengelegt oder neu aufgestellt. Andere Divisionen – z. B. die 215. I.D., die SS-Division "Nordland", "Nederland" und die lettische 19. SS-D. – treten die Reise nach Deutschland an, und acht Küstenbatterien kommen auf die Insel Bornholm. Der Stab XXXXIII. A.K., dem die Küstenverteidigung untersteht, übergibt seine Funktion an den "Kommandanten Nordkurland".
Anfang März wird die deutsche Zivilverwaltung endgültig aufgelöst. Mit Einverständnis der Reichsregierung proklamiert der ehrwürdige General Banerskis eine selbständige Republik Lettland! Doch auch diese Maßnahme kommt wie alle größeren Entscheidungen Hitlers zu spät.

Die Oberbefehlshaber der Heeresgruppe wechseln bereits wieder. Generaloberst v. Vietinghoff kehrt nach Italien zurück und wird durch Generaloberst Rendulic ersetzt. Doch bleibt dieser Oberbefehlshaber genau wie das erstemal nur wenige Tage in seinem Hauptquartier, in dem hübschen Schloß Pelci, das eine halbe Stunde von der kleinen Stadt Goldingen entfernt liegt. Am 14. März übergibt er die Führung der Heeresgruppe dem bisherigen Oberbefehlshaber der 16. Armee, General der Infanterie Hilpert. Der erst 47jährige General der Infanterie v. Krosigk übernimmt die 16. Armee. Er fällt bereits am nächsten Tag durch einen Luftangriff auf sein Hauptquartier. General der Gebirgstruppen Volckamer v. Kichensittenbach tritt an seine Stelle.
Nach der fünften Kurlandschlacht befinden sich nur noch eine Jagdfliegergruppe – die I./Jagd-Geschw. 54 –, wenige Aufklärungsmaschinen und Flakbatterien in Kurland. Die Piloten und die Männer des Bodenpersonals der I./Jagd-Geschw. 54 kennen keine Atempause, ob die wenigen Flugplätze im Schlamm versinken oder verschneit sind, die Me-109 und Fw-190 mit dem "Grünherz" am Rumpf starten gegen eine schier unfaßbare Übermacht.

Die deutschen Jagdflieger vernichten in den ersten beiden Kurlandschlachten 239 Feindflugzeuge. Während der dritten Schlacht schießt das Jagdgeschwader 54 in zwei Tagen über Libau 100 russische Maschinen bei elf eigenen Verlusten ab. Bei einem weiteren Großangriff der russischen Luftwaffe während der fünften Schlacht auf Libau fallen den "Fw-190" mit dem "Grünherz" noch einmal 60 Maschinen mit dem roten Stern zum Opfer.
Die 2. und 6. Flakdivision kämpfen nicht nur im Erdbeschuß, sondern auch gegen die feindlichen Flugzeuge mit Erfolg. Flakbatterien können über Kurland insgesamt 500 Maschinen abschießen.

Bild links:

Oberst Hrabak
Kommandeur des Jagd-Geschw. 54 während des siebenmonatigen Kampfes um Kurland. Vorher führte er das Jagd-Geschw. 52 im Mittelabschnitt der Ostfront. Hrabak erzielt selbst 125 Luftsiege.

Oberleutnant Kittel
Stkpt. der 2./JG. 54, Träger des Eichenlaubs mit Schwertern und mit 267 Luftsiegen der erfolgreichste Jagdflieger des Nordabschnitts. Er fällt im Luftkampf am 14. Februar 1945.

Eine Maschine mit dem "Grünherz" auf dem tiefverschneiten Flugplatz von Cirava (Bild oben), von dem aus die I./Jagdgeschwader 54 unter Major Eisenach ihre Angriffe fliegt. Das Jagdgeschwader 54, das seit 22. Juni 1941 im Nordabschnitt der Ostfront kämpfte, schießt im Frühjahr 1945 die 10.000. Feindmaschine ab und ist damit das zweiterfolgreichste Jagdgeschwader der deutschen Luftwaffe.

Schwere Flak bei der Abwehr eines nächtlichen Luftangriffs auf Libau.

Schiffe der Kriegsmarine und Transportdampfer laufen zwar immer wieder in Libau und Windau ein. Sie bringen Munition, Waffen und Verpflegung. Der Krieg zur See ist ebenfalls härter geworden. Nicht nur, daß sich die Schiffe der vielen Luftangriffe zu erwehren haben. Sowjetische U- und S-Boote werden aktiver. Die deutschen U-Boote sind nicht mehr einsatzfähig. Bei Beginn des Jahres 1945 operieren noch 14 eigene U-Boote in der östlichen Ostsee, Ende Januar sind es nur noch fünf: U-242, 370, 475, 676 und 745. Die übrigen kehren zum Einbau des "Schnorchels" in ihre Stützpunkte zurück. "U-475" verläßt am 17. 3. als letztes U-Boot die Ostsee.
Großadmiral Dönitz unterbreitet in der Lagebesprechung am 18. 3. im Führerhauptquartier, die zum letztenmal Kurland betrifft, die Pläne zur endgültigen Rückführung der Heeresgruppe. Er hat noch 28 Schiffe mit 110.729 BRT zur Verfügung. Diese Dampfer können in neun Tagen 23.250 Mann, 4.520 Pferde und 3.610 Kfz zurückbringen. Hitler lehnt wiederum ab.
Das Schicksal der Heeresgruppe ist damit endgültig entschieden!

◀

Bild links:
Einsamer Flug eines deutschen Schlachtflugzeuges über die schneebedeckten Flächen des Kampffeldes der fünften Kurlandschlacht. Es ist eine der letzten Maschinen des Schlachtgeschwaders 3, das mit seinen drei Gruppen auf den Feldflugplätzen Libau, Frauenburg und Tukkum bis Anfang 1945 stationiert ist.

Russische Zerstörer beim Anlaufen der Küste vor Windau, um ein deutsches Geleit abzufangen. (Bild vom Februar 1945).

Gliederung der Heeresgruppe am 1. 3. 1945

Heeresgruppenkommando	
	mit Feld-Ausb.Div. Kurland, Stab 201. Sich.Div.
Armeekommando 16	
XVI. A.K. mit	81. I.D., 300. Div. zbV., 21. Luftw.Feld-Div.
XXXVIII. A.K. mit	122., 329. I.D.
XXXXIII. A.K. mit	Kommandant Küste, Festungskommandantur Windau, Küstenschutzgruppe Ost, Nord, Nordwest, Südwest, StabSich.Div. 207
VI. SS-A.K. mit	24. I.D., 19. (lett.) SS-Div.
Armeeoberkommando 18	
I. A.K. mit	132., 218. I.D.
II. A.K. mit	263., 290., 563. I.D.
X. A.K. mit	30., 87., 126. I.D., 12. Luftw.Feld-Div.
L. A.K. mit	11., 205., 215. I.D.
	direkt unterstellt:
	121. ID., 12. und 14. Pz.D., Festungskommandantur Libau

Der Frühling 1945 zieht ins Land wie in allen Jahren vorher, seit deutsche Soldaten im Baltikum stehen. Die höher gestiegene Sonne schmilzt den letzten Schnee, Wege und Straßen geraten unter Wasser, Wiesen und Felder versinken im Schlamm. Die kleinen Dörfer Kurlands liegen wie einsame Inseln in einer Landschaft, die aus Schlamm und Morast zu bestehen scheint. Und einsam wird es in diesem Frühjahr sowieso in Kurland . . .

Die zivilen Behörden haben zum größten Teil das Land verlassen. Die Heeresgruppe Kurland muß wiederum einige rückwärtige Dienste, Sturmgeschützabteilungen, Heerestruppen u. a. m. an die bedrohten Fronten in Mitteldeutschland und Pommern abgeben. Nachschub kommt immer seltener heran und von Reserven für die

Fronttruppe ist schon längst keine Rede mehr. Lediglich Genesene kehren mit den Schiffen zu ihren alten Truppenteilen zurück und berichten von den Schwierigkeiten, unter denen die ferne Heimat zu leiden hat.
Die Transporte der Kriegsmarine lassen von Woche zu Woche nach. Die Transporttonnage beträgt in den ersten drei Monaten des Jahres 1945 ca. 30.000 t monatlich. Die anlaufenden Konvois werden stets von russischen Flugzeugen und Schnellbooten angegriffen. So erfolgt z. B. zwischen 26. und 27. März ein kombinierter Angriff von sowjetischen Motortorpedobooten und Bombenflugzeugen auf ein deutsches Geleit. Zwei russische Schiffe und elf Flugzeuge können dabei von eigenen Schnellbooten und von acht "Fw-190" der I./Jagd-Geschw. 54 vernichtet werden.
Dieser Erfolg geschieht bereits in einem Augenblick, an dem sich in Kurland die sechste Schlacht entwickelt. Die russische Führung will angesichts der bevorstehenden großen Offensive gegen Berlin noch vorher die Heeresgruppe Kurland bezwingen. Sie bereitet seit Anfang März eine Operation vor, die über Frauenburg entlang der Bahnlinie direkt nach Libau zielt. Wiederum – wie auch in allen Schlachten vorher – wollen die Sowjets den wichtigsten Hafen besetzen und die beiden Armeen voneinander trennen, um sie einzeln zu besiegen. Die 10. Garde-Armee, voll mit Panzern und schwerer Sturmartillerie aufgefüllt, soll diesen Stoß führen. Starke Verbände der russischen Luftwaffe greifen in rollenden Störangriffen ab Mitte März die Verbindungswege hinter der deutschen Front an. Stoßtrupps der "Roten Armee" versuchen, die weichen Stellen in der HKL der 16. und 18. Armee abzutasten.

Der 18. 3. ist ein Tag voller Grauen und Entsetzen, voller Feuer und Tod. Hunderte von Batterien und Werfern schleudern ihre Granaten auf die Stellungen zwischen Dangas und Skutini. Noch bevor sich der Qualm auf die todwunde Erde legt, brechen Panzer und Schützen vor. Die feindliche Artillerie spart Stellen aus, durch die die T-34 und "Stalin"-Panzer auf die deutsche HKL zurollen.
Die abgekämpften Verteidiger finden nicht mehr Kraft, sich zu behaupten. Die ersten Einbrüche erfolgen. Die Sowjets schieben neue Panzerrudel in die Lücke und rollen die Gräben auf. Das Heeresgruppenkommando führt von allen Seiten der weiten Front Reserven heran. Es sind die tatkräftigen "Feuerwehren": die ostpreußische 11. I.D. (Glt. Feyerabend), die pommersche 12. P.D. (Glt. Frhr v. Bodenhausen) und die sächsische 14. P.D. (Glt. Unrein).

◀

Generaloberst Hilpert, letzter Oberbefehlshaber der Heeresgruppe Kurland (+ 1946 in russischer Gefangenschaft).

Der Gegner durchbricht mit Wucht die deutsche Hauptkampflinie bei Dangas und Skutini. Es entwickeln sich heftige Nahkämpfe, die auf beiden Seiten blutige Opfer fordern. Die 11. I.D. bildet einen Abwehrriegel zwischen Lekutis und Dudas. Aber überall reißt die Verbindung und somit muß die eigene Front zurückgenommen werden. Die Sowjets versuchen, immer wieder auf der Straße nach Frauenburg vorzudringen, werden aber stets in dem unübersichtlichen Waldgelände zurückgeschlagen.
Die Tapferkeit und der Opfermut der deutschen Soldaten ist unbeschreiblich. Allein gegen die Allensteiner Division rennen acht bis zehn russische Divisionen. Hier ist der Feind in den Wald von Bezzobji eingedrungen. Die zähen Ostpreußen igeln sich ein und klammern sich an jedem Baum fest. Ihre Kompanien, oft nur 30 Mann stark, halten diesen Angriff aus! Die Artilleristen kämpfen mit dem Karabiner und Oberfeldwebel Schureit verteidigt mit den 44er Grenadieren den Ort Bezzobij wie eine Festung.
Als russische Panzer in dem Gelände von Sili den Durchbruch auf Mezalazi erzielen wollen, stoßen sie auf starken Widerstand. Die pommern-mecklenburgische 12. P.D. tritt sogar zum Gegenstoß an, und am 23. März ist die Angriffskraft der Sowjets südlich Frauenburg erlahmt! Das Gren.Rgt. 386 (218. I.D.) wird vorübergehend in Struteli eingekesselt, schlägt sich aber in der Nacht zum 1. April durch!

Eine schwere russische Mörserkanone beim Schuß auf deutsche Stellungen vor Preekuln, März 1945.

Russische Schützenverbände greifen mit schweren Kampfwagen – hier "T 34/85-2" – Stellungen bei Dangas an.

Die motorisierten Verbände bilden einen Abwehrriegel, der vorerst hält. Doch bald reißt überall die Verbindung untereinander. Einzelne Bataillone und Stützpunkte werden abgesplittert. Sie kämpfen tage- und nächtelang in den Wäldern beiderseits der Straße nach Frauenburg.
Die Sowjets haben dort ihren Schwerpunkt konzentriert – und hier liegen am Abend des ersten Schlachttages 92 Panzer verkohlt, verbrannt und zerrissen!
Die 10. Gd.-Armee gibt nicht auf! Sie wiederholt ihre Durchbruchsversuche in den nächsten Tagen. Das XXXVIII. A.K. (Gen. d. Art. Herzog) gerät in einen Strudel von Gefechten südlich Frauenburg. Die Schlacht löst sich in Einzelkämpfen auf. Es wird um Wälder, niedergebrannte Bauernhöfe, um Straßenkreuzungen, um letzte Bunker erbarmungslos gestritten. Die 12. P.D. hält einen Panzerdurchbruch bei Mezalazi auf.
Nordostwärts der schönen Stadt Frauenburg können sowjetische Panzer die Bahnlinie Doblen – Frauenburg überschreiten. Doch auch hier wehren sich die Verteidiger mit wahrem Löwenmut. Ein Brennpunkt dieser Kämpfe ist das Gehöft Strautini am Bahnhof Josta. Oberleutnant Kellner baut mit seiner ersten Kompanie der Panzerjägerabteilung 24 die Häuser zu Stützpunkten aus. Vier Tage lang halten sich die tapferen Sachsen in diesem Gut und sie kämpfen schließlich nur noch im Keller weiter. Damit ermöglichen sie das Absetzen der eigenen Truppen auf die "Burgstellung" an der Viesate.
Südlich Schrunden ist es zur letzten "Kesselschlacht" in Kurland gekommen. Die 8. russischen Gardedivision kann an der Naht zwischen der 290. und 11. I.D. durchbrechen. Doch gelingt es den beiden Divisionen und später mit Hilfe von Teilen der 205. I.D., die Sowjets von ihren rückwärtigen Verbindungen abzuschneiden und bis zum 31. 3. zwischen Lapuki und Ziemeli zu vernichten!
Die sowjetischen Truppen wollen trotz aller Verluste ihr Ziel, Frauenburg und Libau, noch Ende März erreichen. Der deutsche Widerstand hat sich erheblich verstärkt.

Während im Norden auf die Viesate ausgewichen wird, ziehen sich die Divisionen südlich Frauenburg bis an den Ciceres-See zurück, wo eine neue Widerstandslinie besetzt und gehalten werden kann. Die 10. russische Garde-Armee stellt am 23. März jeden weiteren Angriff ein. Sie hat bisher 263 Panzer, darunter mehrere überschwere "Stalin"-Panzer verloren.

533 Gefangene, 263 Panzer, 249 Maschinengewehre, 185 Geschütze, 29 Granatwerfer und 27 Flugzeuge kennzeichnen die deutschen Erfolge dieser Schlacht, die Anfang April ihr Ende findet.

Wieder stehen die Soldaten in ihren Gräben; aber ihre Reihen haben sich weiter gelichtet. Es gibt Stellen in der Front, da befindet sich nur alle hundert Meter ein Doppelposten! Die Augen der Grenadiere können kaum das Erwachen des Frühlings wahrnehmen. Die Sowjets dringen immer wieder nachts mit Spähtrupps durch die Linien und im Hinterland arbeiten einheimische Partisanengruppen von Woche zu Woche aktiver. An Ruhe ist nicht mehr zu denken.

Soldaten aus allen Teilen der Reiches sind es, die in den Trümmern der altehrwürdigen Stadt Frauenburg das Ende der sechsten Kurlandschlacht erwarten.

Offiziere und Mannschaften der Kurlandarmeen leiden immer mehr unter dem Gedanken der Ausweglosigkeit ihrer Lage. Die Nachrichten aus der Heimat klingen täglich trauriger. Darüber können auch nicht die Vorträge und Diskussionsabende der Nationalsozialistischen Führungsoffiziere hinwegtäuschen.
Zwar kommen immer noch Transportschiffe in Libau und Windau an, bringen Ersatz und Genesene oder neue Kampfgruppen wie die des lettischen Obersten Reimanis. Eine illustrierte Wochenzeitung "Der Kurlandkämpfer" wird in Deutschland für die Heeresgruppe gedruckt. Nur zwei Nummern gelangen nach Kurland. Die dritte Nummer befindet sich noch in den Rotationsmaschinen in Lübeck, als hier die Briten einmarschieren.

Wieder rannte sich ein Angriff der Sowjets fest. Schwere Kampfwagen der Roten Armee abgeschossen im Graben.

Ein vorgeschobener Stützpunkt an der Front südlich von Frauenburg.

Die Soldaten in Kurland waren in den letzten Aprilwochen 1945 zu einsamen Menschen geworden. Oft lagen nur zwei Mann in einem Grabenstück von 1 km Länge, um die sowjetischen Bewegungen zu beobachten.

Dort, wo sich noch ein Maschinengewehr befand – hier handelte es sich um eine erbeutete sowjetische Waffe – sprach man bereits von einem "Stützpunkt". Die Sonne meinte es in diesen Tagen besonders gut – doch half sie nicht über die Unruhe und Qual der Ungewißheit hinweg.

Die Männer eines vorgeschobenen Artillerie-Beobachterstandes nutzen die frühen Morgenstunden aus, um schnell noch einen Gruß an die Lieben daheim zu schreiben, bevor die Sonne endgültig aufgeht und mit ihr dann auch der Feind sich zu regen beginnt. Die Mittagszeit ist im April schon ziemlich warm.

Ein russischer Stoßtrupp, der bis in die Stellung auf die Uferhöhen der Barta vordrang, wurde vernichtet. Ein gefallener Gegner blieb im zweiten Graben liegen. Die Gesichter der deutschen Verteidiger wirken abgekämpft, apathisch, resignierend. Man hat einige Minuten Kampfpause, kann etwas verschnaufen, genießt die Strahlen der Frühlingssonne. Vielleicht muß man in der nächsten Sekunde wieder "volle Deckung" nehmen. Ein Sprechen lohnt nicht, man war ja allein. Die nächsten Kameraden liegen in 30 m Entfernung. Der Kurlandkämpfer war zum Einzelkämpfer geworden. Er hatte das Warten gelernt . . .

▶

Ein Artilleriebeobachter blickt von seiner B-Stelle auf den Vartajahöhen nach Osten. Er war durch Funk mit seiner Batterie verbunden. Nachrichtenverbindungen mußten stets intakt bleiben.

Das Heeresgruppenkommando sendet am 1. 4. eine Beurteilung des inneren Kampfwertes seiner Division an das OKH. Die Meldung (Ia Nr. 46/45 gKdos Chefs.) beleuchtet den schweren Einsatz in den letzten sechs Kurlandschlachten. Die Einstufung der Division ist wie folgt vorgenommen:

"Gruppe 1 (Sehr gut):	11. I.D.	In jeder Krisenlage besonders bewährte Division mit hoher Kampfmoral. In den letzten Kämpfen wiederum voll bewährt. Kampferfahrene, leistungsfähige Führung.
Gruppe 2 (Gut):	12. P.D.	Erfahrene, bewährte P.D. mit mehreren schwungvollen, hervorragenden Kommandeuren . . .
	24. I.D.	. . . in den letzten Kämpfen bewiesene Standhaftigkeit. Gute, sichere Führung.
	81. I.D.	In den Krisenlagen der fünften und sechsten Kurlandschlacht voll bewährt. Führung fest und klar.
	121. I.D.	In Krisenlagen bewährt. Sichere, wendige Führung.
	126. I.D.	Division hat sich . . . erneut bewährt. Kampfmoral . . . gestiegen. Zuverlässige, wendige Führung.
	205. I.D.	Bewährte Division . . . Straffe und wendige Führung.
	225. I.D.	Standhafte, zähe Division von hervorragendem Geist und Haltung. Harte und entschlossene Führung, zuversichtlich und krisenfest.
	263. I.D.	Kampfkraft und Ausbildungsstand gehoben. Zuverlässige, straffe Führung.
	329. I.D.	. . . Führung klar, sicher und hart.
Gruppe 3 (Genügend)		Hier waren 30., 122., 132., 218., 290. I.D., 19. SS-D., 14. P.D. eingestuft.
Gruppe 4 (Ungenügend)		563. I.D."

(Die 563. I.D. war durch die harten Kämpfe der letzten Zeit angeschlagen und hatte teilweise den Zusammenhalt verloren. An ihrer Front wurden die ersten und einzigen Überläufer gemeldet, die freiwillig zu den Sowjets gingen!)
Trotz aller Entbehrungen und der drückenden physischen und psychischen Belastung kommt es nur einmal zu Disziplinlosigkeit in Kurland. Die Besatzung des Hafenschutzbootes "31" meutert am 16. 3. Die fünf Matrosen ermorden ihren jungen Kommandanten und fliehen mit dem Boot nach Schweden.

Das Bild des Kurlandkämpfers ist von Einsamkeit, Abgeschnittenheit, von Hunger und Schmerzen, Hoffnungslosigkeit und Pflichterfüllung geprägt – ein Bild der zeitlosen deutschen Soldatentradition.

DAS ENDE

Die letzten vier Wochen

Gen. d. Inf. Hilpert sendet am 13. 4. gleichlautende Briefe an den OB. der Luftflotte 1 und an den Seekommandanten Lettland. Er bittet um Zurverfügungstellung von Einheiten für den Erdkampf. Die Verluste der Heeresgruppe könne nicht mehr durch Ersatzzuführung aus der Heimat ausgeglichen werden.
Gen. d. Inf. Hilpert schreibt (Ia Nr. 49/45 gKdos Chefs):

> ". . . der Auftrag der Heeresgruppe Kurland unverändert bleibt, d. h. mit allen verfügbaren Mitteln zu kämpfen und damit die russische Menschenkraft zu schwächen und ein Eingreifen weiterer russischer Kräfte im Reich selbst zu verhindern. . . ."

Schon einen Tag später geht ein Befehl des OKH betreffs der Kampfführung ein. Hier heißt es u. a.:

> "2.) Um auch die 7. Kurlandschlacht zu einem vollen Abwehrerfolg zu führen, muß die Heeresgruppe wie bisher an nicht angegriffenen Fronten erhebliche Streckungen in Kauf nehmen, um an den Schwerpunktabschnitten, insbesondere im Raum ostwärts Libau, stark zu sein. . . ."

Das Heeresgruppenkommando funkt noch am 14. 4. seine getroffenen Pläne und Maßnahmen nach Berlin:

> "1. Im Großen: Annahme kommender Schlacht in jetziger Front. HGr. entschlossen, durch zähe Abwehr und aktive Kampfführung augenblicklich Front zu halten. Grundbedingung jedoch ausreichende Munition und Betriebsstoff.
> 2. Im Einzelnen:
>   a) Raum nordwestlich und nordostwärts Preekuln: Verstärkung der infanteristischen Abwehrkraft durch die nächst eintreffenden Ersatztransporte. Einsatz 14. P.D. einschl. schw. Pz.Kp. 510 und 126. I.D. vorbereitet. . . .
>   b) Raum südwestlich Frauenburg: Ein GR. 11. I.D. als HGr.-Reserve dahinter. Besondere Abstützung durch Artillerie, Flak, Sturmgeschütze. . . . Infanteristisch kein besonderer Schwerpunkt wegen Kräftemangels zu schaffen. . . ."

Der Kräftemangel ist so enorm, daß die Front nicht mehr durchgehend geschützt werden kann. Die Sowjets sickern oft durch diese Lücke und stiften Unruhe im Hinterland.

Die Luftflotte 1 stellt im April noch einmal 17 Bataillone aus ihren Reihen auf, um sie für den Erdkampf bereitzuhalten. Es sind insgesamt 257 Offiziere, 6.735 Unteroffiziere und Mannschaften, sowie 127 Beamte. Die Bataillone werden vornehmlich zum Objekt- und Flugplatzschutz eingesetzt, ein Bataillon hat Pionieraufgaben übernommen und ist über das ganze Land verteilt.
Mitte April erwartet die 18. Armee eine neue russische Offensive bei Rudbarzi. Von allen Teilen der Front werden Reserven zusammengezogen, aber der Angriff findet nicht statt. Die Rote Armee hofft auf die Entscheidung in Mitteleuropa und will nicht noch mehr Opfer zwischen Riga und Libau vergeuden. So ist die Heeresgruppe zum Warten verurteilt.

Eine siebente Kurlandschlacht gibt es nicht mehr!
Die Sowjets haben die Masse ihrer Truppen abgezogen. Im kurländischen Raum belassen sie nur: 1. Stoßarmee zwischen Rigaer Meerbusen und Tukkum, 22. Armee westlich Dzukste, 42. Armee vor Frauenburg, 4. Stoßarmee beiderseits der Windau, 6. Gd.Armee zwischen Vainode und Skuodas und 51. Armee südlich Libau.
Diese Armeen stehen ”Gewehr bei Fuß”. Sie können warten. Kurland muß ihnen ja wie eine reife Frucht von selbst in die Hand fallen. Die Entscheidung spielt sich in Deutschland ab!
Sowjetische Lautsprecher brüllen am 1. 5. überall an der Front auf. Sie bringen die Meldung, daß Hitler tot ist! Schon zwei Tage später dröhnt von neuem Musik durch den Äther, und dann erklingen die Worte: ”Berlin ist unser!”
Der Krieg ist zu Ende!
Großadmiral Dönitz, der neue Oberste Befehlshaber der Wehrmacht, läßt am 3. 5., 19.30 Uhr, folgenden Funkspruch an das Hauptquartier des Gen.Ob. (am 1. 5. zu diesem Dienstgrad befördert) Hilpert nach Schloß Pelci durchgeben:

> ”Die veränderte Lage im Reich erfordert den beschleunigten Abtransport zahlreicher Truppenteile aus den ost- und westpreußischen Räumen, sowie aus Kurland. Die Kampfführung der Armee Ostpreußen und der Heeresgruppe Kurland hat sich diesen Forderungen anzupassen.
> Von den zurückführenden Truppenteilen ist das Personal mit leichten Infanteriewaffen zu verladen. Alles übrige Material, einschließlich Pferde, sind zurückzulassen und zu vernichten. Heeresgruppe Kurland erhält Operationsfreiheit zur Zurücknahme der HKL in vorgeschobene Brückenköpfe um die Häfen Libau und Windau.”

Großadmiral Dönitz empfängt im Laufe des 3. Mai die zivilen und militärischen Befehlshaber der noch von der Wehrmacht besetzten Gebiete. Die Heeresgruppe Kurland hat einen Generalstabsoffizier entsandt.
Als er sich Stunden später auf dem Rückweg zur Front befindet, trägt er die letzten Befehle und deren Ausführungsbestimmungen, nach denen die Heeresgruppe ihre Maßnahmen treffen muß.

Zur gleichen Zeit fliegt der Ia der Operationsleitung im Oberkommando des Heeres, Oberstleutnant i. G. de Maiziere, nach Kurland und zur 4. Armee nach Ostpreußen. Der Generalstabsoffizier soll die Oberbefehlshaber über die Zielsetzung des Großadmirals und seine Absichten zum Abtransport der Truppen unterrichten. Der Oberstleutnant wird in wenigen Tagen in Flensburg melden, daß die Stimmung der Soldaten überall noch tadellos diszipliniert ist!
Die Heeresgruppe kann die Rückführung nicht durchführen, da kein Schiffsraum zur Verfügung steht. Es wird lediglich der 16. Armee befohlen, Tukkum am 6. 5. zu räumen und eine rückwärtige Linie zu beziehen. Die 18. Armee gibt vorsorglich Frontvorsprünge auf. Teile ihrer Verbände gehen auf den Vartaja-Abschnitt zurück.
Die Heeresgruppe wartet auf die Transportschiffe.
Diese kommen nicht mehr! Die Regierung in Schweden stoppt entgegen allen Abmachungen die notwendigen Kohlelieferungen. Die Dampfer bleiben in mecklenburgischen und schleswig-holsteinischen Häfen liegen!
Da gelangen Meldungen nach Kurland, daß zwischen deutschen und britischen Befehlshabern ein Waffenstillstand geschlossen sei. Gen.Ob. Hilpert erläßt daraufhin einen Tagesbefehl:

> ". . . Der Krieg im Osten geht weiter! Offiziere und Mannschaften müssen ihre Zuversicht bewahren!"

Die Heeresgruppe Kurland steht Anfang Mai in einer Front von rechts nach links mit folgenden Korps und Divisionen: X. A.K. mit 30., 132., 126. I.D.; I. A.K. mit 225., 87. I.D.; II. A.K. mit 263. und 563. VGD. zwischen der Küste südlich von Libau bis zur Windau südlich von Schrunden. Von hier bis zur Küste nordwestlich Tukkum liegen: XXXVIII. A.K. mit 290., 329. und 122. I.D.; L. A.K. mit 218., 24. I.D.; VI. SS-A.K. mit 19. SS-D., 205. I.D.; XVI. A.K. mit 21. Luftw.Feld-D., 81. und 300. I.D. Die 12. P.D. befindet sich als Reserve nördlich Frauenburg, während sich 14. P.D., 11. I.D. und Teile der 126. I.D. auf dem Marsch nach Libau bewegen.

Neue Riegel entstehen in den Maitagen. Die Panzergrenadiere der 14. P.D. bauen die "Libellen-Linie" am Vartaja-Abschnitt, die als Auffanggraben vor der Küste gedacht ist. Andere Divisionen vernichten bereits alles schwere Material, ihre Stäbe legen die

Marschrouten fest und bestimmen die Reihenfolge der Kolonnen, die zur Verladung bestimmt sind. Sie alle warten auf das Anlaufen der Transportschiffe.
Da fällt in diesen Tagen nervöser Erwartungen eine folgenschwere Entscheidung. Generaladmiral v. Friedeburg ist es gelungen, einen Waffenstillstand mit dem britischen Feldmarschall Montgomery zu schließen. Dieser Vertrag bezieht sich allerdings nur auf die Westfront. Die deutschen Dienststellen und Behörden hoffen, daß der alliierte Oberbefehlshaber General Eisenhower mit diesem Vertrag einverstanden sein wird. Dann könnte es gelingen, noch den größten Teil der im Osten stehenden Verbände und der unzähligen Flüchtlingstrecks vor dem Schicksal einer Gefangenennahme durch die sowjetische Armee zu retten.
Die altbewährten Divisionen der 18. Armee bereiten sich zum Marsch an die Küste vor. Die tapfere 11. I.D. erfährt an diesem Tag, daß sie sich in den Raum ostwärts Libau abzusetzen habe. Die 24. I.D. verläßt ihren letzten Einsatzraum in diesem Krieg, die "Burg-Stellung". Wie immer in Zeiten der Unruhe schwirren Latrinenparolen von Einheit zu Einheit. Da sagen die einen, daß englische Schiffe unterwegs seien, um die Kurlandarmee abzuholen; andere wissen, daß die Amerikaner bereits im Kampf mit den Russen an der Elbe stehen. So versucht jeder Soldat seine inneren Ängste und Zweifel zu betäuben, weil keiner an das bittere, unverdiente Ende glauben will.
Kleine und kleinste Schiffe verladen unterdessen in den beiden kurländischen Häfen an Menschen und Material, was sie fassen können. Die Seekommandanten haben am Morgen den Funkspruch des Oberkommandos der Wehrmacht erhalten:

> "An Hela, Libau, Windau und Bornholm: Ab 5. Mai, 8.00 Uhr deutscher Sommerzeit, Waffenruhe gegenüber Truppen des Feldmarschalls Montgomery. In See befindliche Transporter laufen jedoch weiter, da Aufgabe der Kriegsmarine, Deutsche aus dem Osten zu retten. Keinerlei Zerstörungen, Schiffsversenkungen oder sonstige Kundgebungen vornehmen. Sicherung aller Vorräte."

Sie alle, Offiziere und Matrosen der Kriegsmarine, wissen, was diese Worte bedeuten. Diese Gewißheit läßt sie Leistungen vollbringen, die denen ihrer Kameraden vom Heer nicht nachstehen. Schnell-, Vorposten-, Räumboote, Kriegsfischkutter und Marinefährprähmen wetteifern, um so schnell wie möglich Soldaten an Bord zu nehmen und mit diesen nach Westen abzudampfen.
Der Kommandierende Admiral Burchardi begibt sich am Abend des 5. Mai nach Hela, um von hier aus die Operationen seiner Schiffe zu leiten. Als am nächsten Tag die 5. Schnellbootflottille folgt, kommt es noch zum Gefecht mit russischen Motortorpedobooten, von denen eins versenkt wird. Die Funker an Bord und an Land nehmen am folgenden Morgen den Befehl der Seekriegsleitung auf:

"An alle in der Ostsee befindlichen Schiffe: Infolge Kapitulation müssen sämtliche See- und Sicherungsstreitkräfte, sowie Handelsschiffe die Häfen in Kurland und Hela bis 9. Mai 00.00 Uhr verlassen haben. Transporte deutscher Menschen aus dem Osten daher mit höchster Beschleunigung durchführen. Seekriegsleitung."

Nun sind die Würfel gefallen! General Eisenhower stimmt nur dem Waffenstillstand an der Westfront zu, wenn die deutschen Truppen zugleich im Osten ihre Waffen strecken. Die alliierten Luftgeschwader stehen schon zu neuen Angriffen auf Städte und Dörfer bereit, um Deutschland endgültig den Todesstoß zu versetzen. Da kapituliert die Wehrmacht nach einem fünfeinhalbjährigen Heldenkampf!

Damit ist das Ende der Heeresgruppe Kurland gekommen!

Generaloberst Hilpert setzt sich am 7. Mai funktelegrafisch mit dem russischen Oberkommando in Verbindung und bietet die Kapitulation seiner Armeen an. Und hier, wie an allen anderen Teilen der großen Front, wollen die Sowjets ihren Triumph auskosten. Sie verlangen – entgegen den bisherigen militärischen Gepflogenheiten –, daß der Oberbefehlshaber selbst die Übergabeverhandlungen führt.

Generaloberst Hilpert, der sympathische und aufrechte Mann, als Vorgesetzter und Kamerad gleichermaßen beliebt, geht den schwersten Schritt seines Lebens. Er begibt sich in Begleitung anderer Kommandeure im offenen Kraftwagen zu den gegnerischen Linien. Damit findet ein Soldatenleben seinen Abschluß, das dem Dienst am Vaterland geweiht war. Generaloberst Hilpert wird seine deutsche Heimat nicht mehr wiedersehen; er stirbt einsam in Gefangenschaft.

Ob. v. Amsberg, Kdr. GR. 502 der 290 I.D., erhält den Auftrag, die Straße nach Pampali zu überschreiten und die Vorbereitungen zur Kapitulation durchzuführen. Der Oberst, ein Hornist, ein Dolmetscher und ein Unteroffizier mit der weißen Fahne begeben sich genau 14.00 Uhr durch die Linien zu den Sowjets.
Rechts und links der Straße wehen zerfetzte Hemden, ein Stück Verbandsstoff, eine Unterhose – denn weiße Fahnen gibt es nicht!
Der Kampf ist aus!
Die Geschütze schweigen!
Die Heeresgruppe Kurland legt die Waffen nieder!
Sie steht am Mittag des 8. 5. als einzige deutsche Heeresgruppe in einer festgefügten Front! Diese verläuft und ist besetzt wie folgt:

18. Armee	(OB.: Gen. d. Inf. Boege, Chef d. Gen.St.: Gm. Merk)
X. A.K.	(Gen. d. Art. Thomaschki) südlich Libau mit 30. (Glt. Henze), 132. (Gm. Demme), 126. I.D. (Gm. Hähling);
I. A.K.	(Glt. Usinger) südwestlich Durben mit 225. (Glt. Risse), 87. I. D. (Glt. Frhr. v. Strachwitz);
II. A.K.	(Glt. Gause) von südwestlich Schrunden bis zur Windau mit 263. (Glt. Hemmann), 563. I.D. (Gm. Neumann).
16. Armee	(OB.: Gen. d. Geb.Tr. Volckamer v. Kirchsittenbach, Chef d. Gen.St.: Gm. v. Gersdorff)
XXXVIII. A.K.	(Gen. d. Art. Herzog) beiderseits Frauenburg mit 290. (Ob. Frotscher), 329. (Glt. Menkel), 122. I.D. (Gm. Schatz);
L. A.K.	(Glt. Frhr. v. Bodenhausen) nordostwärts Frauenburg mit 218. (Gm. Ranck), 24. I.D. (Gm. Schulz);
VI. SS-K.	(SS-OGruf. Krüger) südwestlich Tukkum mit 19. SS- (SS-Brig.Fhr. Streckenbach), 205. I.D. (Gm. Giese);
XVI. A.K.	(Glt. Weber) von westlich Tukkum bis Meer mit 21. Lw.-F.D. (Gm. Barth) 81. I.D. (Glt. v. Bentivegni), 300. I.D. (Gm. Eberth).

Die 12. P.D. (Ob. v. Usedom) steht als einzige Reserve der Heeresgruppe nördlich Frauenburg.

Die 14. P.D. (Ob. Grässel), 11. (Glt. Feyerabend) und Teile der 126. I.D. befinden sich in Libau und Windau. Diese drei Divisionen sind zur Einschiffung vorgesehen.

Die Kommandeure der Truppen geben an ihre Einheiten den generellen Befehl der Heeresgruppe durch: "Jeder Offizier bleibt in seiner Dienststellung und führt weiterhin seine Einheit!" Disziplin und Kameradschaft bestehen trotz aller Nervosität und Verzweiflung hier wie bei anderen Divisionen ihre Bewährungsprobe.
Generalmajor Rauser führt als Unterhändler der Kurlandkämpfer stundenlang die Verhandlungen mit den sowjetischen Befehlsstellen. Wohl hofft er noch auf annehmbare Bedingungen, wie sie seine Soldaten nach sechs schweren und siegreichgeschlagenen Schlachten verdient haben würden. Aber jeder Anständigkeit und jeder Respekt ist in diesem Krieg auf allen Seiten erloschen. Der Gegner verhandelt nicht, sondern fordert: Bedingungslose Kapitulation!
Es ist der letzte Tag des grausamen Krieges und noch in den Vorbereitungen zur Waffenruhe schweigen Geschütze und Karabiner nicht. "Feuer frei!" ertönen die Kommandos in den Stellungen der Chemnitzer Artilleristen. Kanoniere und Offiziere wetteifern, die letzten Granaten in die Rohre zu schieben, und die vorgeschobenen Beobachter melden nach den Abschüssen gute Ergebnisse. Die 205. I.D. wird noch in ihrer letzten Absetzbewegung durch einen russischen Angriff getroffen, der abgeschlagen wird. Der 30. I.D. ergeht es ebenso vor Libau. Auch die 218. I.D. muß südlich Zabeln den letzten Kampf meistern.
Dann ist es 14.00 Uhr! Zerfetzte Hemden oder ein Stück Verbandsstoff sind die "weißen Fahnen", die an der deutschen Front wehen. Der Kampf ist aus!

Am Nachmittag dieses Maitages, der im schönsten Sonnenlicht glänzt, kommen die ersten Russen zu den deutschen Stellungen. Es sind wenige Offiziere, denen später einzelne Soldaten folgen, deren Zahl sich Stunde um Stunde verstärkt. Die Deutschen sehen diese grünbraunen Gestalten mit Argwohn und Befremdung an. Hier werden Grüße getauscht, da schütteln sich die ehemaligen Feinde sogar die Hände, dort holt einer eine Flasche Wodka hervor und reicht sie weiter. Dann greift der erste zur Uhr des deutschen Grenadiers . . . Bald spielen sich turbulente Szenen ab. Russen versuchen, Ringe und Schmuck zu ergattern, und deutsche Soldaten protestieren, bis sich sowjetische Offiziere einschalten und ihre Soldaten mit Befehlen und Pistolendrohungen zurückschicken.

◄

Siebelfähre vor der Küste. Die "Siebelfähren" wurden 1940 für die Invasion in England entwickelt. Sie bestanden aus zwei Prähmen, die durch eine Plattform, auf der das Steuerhaus stand, verbunden waren. Sie hatten eine Länge von 27,3 m, eine Breite von 13,7 m und einen Tiefgang von 1,0 m, waren mit zwei 6-Zylinder BMW-Motoren versehen und mit Flakgeschützen und Raketenabschußgestellen ausgerüstet.

Die letzten Angriffe der Sowjets gelten auch im Mai 1945 noch dem Hafen Libau. (Russ. Originalfoto).

Tragflächen deutscher Flugzeuge glitzern an diesem 8. Mai 1945 noch einmal über Kurland. Es sind 35 Maschinen vom Typ "Ju 52". Sie kommen im Direktflug aus Norwegen, landen in Grobin und nehmen hier Verwundete und kinderreiche Familienväter an Bord. Schnell ist getankt und bald donnern die lauten Motoren über dem Flugplatz. Sehnsüchtig blicken die Männer vom Bodenpersonal, die Sanitäter und die Verwundeten, die keinen Platz mehr finden konnten, den davonbrausenden silbergrauen Leibern nach. Sie wissen nicht, daß russische Jäger von diesen 35 Maschinen noch 32 zusammenschießen. Es sind die letzten Flugzeuge der deutschen Luftwaffe, die in Flammen aufgehen und ihr Grab in russischer Erde und in den Wassern der Ostsee finden.
Der Weg nach Libau und Windau ist immer noch offen, und die Heeresgruppe bemüht sich, zu retten, was zu retten ist. Sie befiehlt, daß die "Feuerwehren" der

Armeen, die 11. I.D. und die 14. P.D., zuerst zur Einschiffung kommen. Die ostpreußische Division kann sich ohne ihr Grenadierregiment 23 vom Feind lösen und zieht in voller Ordnung und Bewaffnung durch Libau. Von müden und erbitterten Lippen ertönen zum letztenmal Marschlieder. Die Soldaten steigen mit "Reihe rechts" auf die Schiffe! Die sächsische Panzerdivision erreicht nur mit Teilen Libau und Windau, nachdem unterwegs noch sowjetische Tiefflieger angreifen. Das zweite Bataillon des Dresdner Panzer-Grenadierregiments, das im April mit Feldgendarmerie den Schutz des Libauer Hafens übernahm, sichert auch jetzt die Verladung der eigenen Verbände und der von jeder Kurland-Division noch abgestellten ca. 125 Mann; Familienväter und Verwundete.
Die 9. Sicherungsdivision der Kriegsmarine sammelt seit 7. Mai ihre schwimmenden Einheiten. Die Minensuch-, Räum-, Vorpostenboote, Artillerieträger, Fischkutter, Fahrpräme und Hafenschlepper werden zu Geleitzügen geordnet. Nachdem die Besatzungen alles, was nicht niet- und nagelfest ist, über Bord geschmissen haben, beginnt am Vormittag die eilige Verladung der Truppen.
Die Soldaten der Heeresgruppe legen in diesen schweren Stunden Zeugnis ihres Wagemutes, ihrer Disziplin und ihres Gehorsams ab. Unter dem Krachen von Bomben russischer Flieger und Tacken ihrer Maschinengewehre spielen sich an den Kais und Hafenanlagen Szenen ab, die ihrer Größe wegen von keinem Dichter besungen werden dürften. Nirgendswo ist Murren oder sind bittere Vorwürfe zu hören, wenn die Marineoffiziere das Betreten der Schiffe aufhalten, weil diese schon überladen sind. Viele junge Soldaten kehren freiwillig zurück, um älteren Kameraden den Weg in die Heimat freizumachen. Mancher Offizier geht wieder von Bord zu seiner alten Einheit, die im Kessel bleibt. Die Namen des Oberstleutnants i. G. v. Puttkamer, Führer eines Grenadierregiments der 11. I.D., und des Hauptmanns Lang, Chef der 11./A.R. 126, mögen hierfür als Beispiel für andere stehen.

Die Oberbefehlshaber, Kommandierenden Generale und Divisionsführer bleiben ausnahmslos bei ihren Verbänden. General der Infanterie Boege, der Oberbefehlshaber der 18. Armee, ruft den scheidenden Ostpreußen zu: "Grüßen Sie die Heimat von allen Kurlandkämpfern."
Dann verlassen die ersten beiden Geleitzüge um 20.30 Uhr den Hafen. Im Rauschen der Heckwellen verklingen die Hurrarufe auf Truppe und Vaterland, auf die zurückbleibenden Kommandeure und auf das langsam den Augen entschwindende Kurland! Vorpostenboot 1450 und 26 Boote der 14. Sicherungsflottille bilden den ersten Transport mit 2.900 Mann an Bord. Das zweite Geleit besteht aus Minensuchboot 3, Artilleriefährprähme 34, Artillerieträger "Nienburg", acht Fischkuttern, drei Schleppern, einem Tanker, drei Siebelfähren, zwei Marinefährprähmen, einem Leichter, zwei Prähmen, einem Räum-, einem Motorboot und dem Küstenmotorschiff "Kurland". Diese Schiffe beherbergen 5.720 feldgraue Soldaten. Gegen 21.00 Uhr lichten Dampfer "Tsingtau", drei Räum- und zwei Flugsicherungsboote mit 3.780 eingeschifften Heeresangehörigen als drittes Geleit die Anker. Eine Stunde

Der Bataillonsarzt, der sich stets am Gefechtsstand aufhielt, gab dem Verwundeten eine Tetanusspritze, damit er den Transport ins Feldlazarett überstand. Mit dieser Spritze wurde vielen Soldaten das Leben gerettet.

◄

Der Krieg verlangte auch in den letzten Tagen seine Opfer. Hier schleppten Kameraden einen verwundeten Grenadier im Laufschritt zum nächsten Sanitätsbunker.

später formieren die 19 Schnellboote der 1., 2. und 5. Schulflottille mit 2.000 Mann an Deck das letzte Geleit, das aus Libau dampft.
Da sind aber schon die Russen da! Mit ihren schnellen Abteilungen haben sie bereits auf den Anmarschstraßen zur Stadt die zahllosen rückmarschierenden deutschen Kolonnen überholt und dringen gerade in den Hafen ein, als der letzte Geleitzug den Seekanal erreicht. Die feindlichen Pakgeschütze und Maschinengewehre gehen sofort in Stellung und nehmen die Schiffe unter Feuer. Nur zwei langsam fahrende Hafenschlepper kommen nicht mehr davon und werden von den Sowjets gestellt und gekapert.
Genau wie in Libau herrscht auch in Windau Hochbetrieb. Hier laufen um 23.00 Uhr das 5. und 6. Geleit mit 15 Fischkuttern, 45 Pionierlandungsbooten und dem Tanker "Rudolf Albrecht" aus. Noch einmal sind 11.300 Mann an Bord genommen, die wortlos ihren an Land bleibenden Kameraden zuwinken.
Die Schiffe kämpfen sich mit schäumendem Bug durch die hochgehenden Wogen nach Westen. Als der Morgen graut, sind plötzlich 25 russische Flugzeuge da. Sie setzen im Sturmangriff auf das dritte Geleit an, und während überall schon die Waffen schweigen sollen, stirbt noch mancher Soldat unter diesem Maschinengewehrfeuer. Drei Stunden später versuchen die Sowjets, noch einmal anzugreifen, diesmal schlägt ihnen mörderisches Flakfeuer entgegen.
Doch auch die gegnerischen Motortorpedoboote liegen auf der Lauer. Sie können Anschluß an das fünfte Geleit finden und bringen einen Teil der Fischkutter auf. Gegen 17.00 Uhr ist das deutsche Führerschiff "Rugard" von drei Torpedobooten gestellt. Die zwei begleitenden Räumboote brechen aus, aber "Rugard" muß gestoppt liegenbleiben. 1.300 Soldaten beobachten gespannt die Entwicklung der Situation. Auf "Rugard" schieben die Matrosen den bereits abmontierten Verschluß der 8,8 cm Kanone ein, und als der funkentelegrafische Befehl des Kommandierenden Admirals der östlichen Ostsee "Weiterlaufen" eintrifft, jagt der erste Schuß aus dem Rohr. Das nächststehende sowjetische Motortorpedoboot wird getroffen und braust davon, gefolgt von seinen beiden Begleitern. Das letzte Seegefecht des Zweiten Weltkrieges!
Das zweite und fünfte Geleit können sich um 21.00 Uhr vereinigen. Der Artillerieträger und die Schlepper müssen die drei Siebelfähren an die Leine nehmen, da die See zu hoch geht. Schon der nächste Tag bringt eine erneute Gefahr. Der mit 500 Mann besetzte Leichter treibt plötzlich ab. Dem waghalsigen Einsatz der Marineoffiziere und der Matrosen gelingt es, die schiffbrüchigen Leute trotz stürmischer See auf andere Fahrzeuge überzunehmen. Alle Geleite haben bis zum Mittag des 11. Mai die holsteinischen Häfen erreicht, und fast 25.700 Angehörige der Heeresgruppe Kurland setzen ihren Fuß auf deutschen Boden!
Nur die drei Siebelfähren mit Teilen des ruhmreichen ersten Bataillons des ostpreußischen Grenadierregiments 44 können die Fahrt nicht mithalten. Sie laufen Trälleborg an. Die schwedische Regierung wird später diese deutschen Soldaten an Rußland ausliefern!

Am 8. Mai wartet im Libauer Hafen bis 23.00 Uhr der Rest der Truppe, den kein Schiff mehr aufgenommen hat. Die Zurückgebliebenen der 11., 126. I.D. und 14. P.D. werden im Verwaltungsgebäude untergebracht. Hier gibt ihnen der dienstälteste Offizier bekannt, daß weder mit Abtransport noch mit einem Ausbruch mehr zu rechnen sei. Langsam zerbricht nun in diesen Männern die Hoffnung auf Rettung, und vereinzelt lösen sich die Bande der Disziplin. Viele versuchen, noch Flöße und Boote zu ergattern, doch die stürmische See verhindert jede Flucht. Einige fliehen in der Dunkelheit aus der Stadt und wenigen glückt es sogar, bis Memel und Insterburg zu gelangen.

Jetzt sind die Sowjets in Libau! Eine Anzahl ihrer Soldaten ist vom Siegesrausch betrunken und interessiert sich mehr für Uhren und Ringe und Geld als für die Menschen und deren Waffen. Feindliche Schnellboote rauschen am Morgen des nächsten Tages in den Hafen, und um 14.00 Uhr treffen die ersten Boten des "Nationalkomitees Freies Deutschland" ein, deren Parolen und Gerede auf eisiges Schweigen stoßen. Marschkolonnen formieren sich am späten Nachmittag und setzen sich – nur von wenigen Russen bewacht – nach Osten in Bewegung.

So wie hier vollzieht sich nun überall im kurländischen Raum die Übergabe einer Heeresgruppe, die sich wahrhaft ritterlich auf altem deutschen Kulturboden behauptet hat. Dieses in der Kriegsgeschichte wohl einmalige Aushalten zweier von der Heimat abgeschnittener Armeen würdigt der Bericht des Oberkommandos der Wehrmacht vom 9. Mai 1945:

> ". . . Unsere Heeresgruppe in Kurland, die monatelang stark überlegenen sowjetischen Panzer- und Infanterieformationen Widerstand geleistet hat und in sechs großen Schlachten tapfer standhielt, hat unsterblichen Ruhm errungen . . ."

Die norddeutsche 290. I.D. tritt bei Schrunden den Weg in die Gefangenschaft an. Die Soldaten der 122. I.D. defilieren vor ihrem General, ehe sie ihre Waffen bei Striki niederlegen. Die Regimenter der 218. I.D. rücken geschlossen in Gefangenschaft.

Die Schleswig-Holsteiner der 30. I.D. übergeben ihr Gerät bei Lukuzi und der Molkerei Krute an die Gegner, denen sie fast vier Jahre Schach boten. Im Paradeschritt ziehen die Kämpfer von Demjansk an ihrem Kommandeur vorbei! Nicht anders machen es die Sachsen der 24. I.D., als sie sich auf der Straße Aizupe – Venterii versammeln und ihr General die Front abschreitet. Noch einmal leuchten Disziplin, Treue und Gehorsam als Zeichen deutschen Soldatentums auf, bevor diese Tugenden ein Jahrzehnt lang in Schmutz und Schande gezogen werden.

Es ist hier nicht der Platz, um den Weg der Kämpfer von Kurland durch die Gefangenenlager der weiten Sowjet-Union zu verfolgen. Doch der Geist, der sich in sechs

Schlachten bewährt hat, muß auch auf die siegenden Gegner einen Eindruck hinterlassen haben. Das Benehmen der Russen zeigt sich in den ersten Tagen von guter Seite. Die deutschen Verbände bleiben in den provisorischen Lagern, die oft nur stacheldrahtumzäunte Wiesen sind, unter dem Befehl ihrer Offiziere beisammen. Sowjetische Kommandeure versichern immer wieder – wie zum Beispiel der Oberbefehlshaber der 3. Baltischen Front, General Masslenikow, in Vainode –, daß die Gefangenen ehrenvoll behandelt würden und daß bald mit ihrer Entlassung zu rechnen sei. Oft glauben das die deutschen Soldaten sogar und sehen über die langsam einsetzenden Verhöre und Plünderungen hinweg.

Der Stab der Heeresgruppe verbleibt weiterhin im Schloß Pelci und genießt volle Handlungsfreiheit. Erst am 12. Mai werden die Generale Foertsch und Rauser mit ihren Offizieren nach Riga-Schlock gebracht. Als sie die Straßen nordwärts fahren, bemerken sie rechts und links davon die großen Gefangenenlager. Was sie aber dabei beobachten, ist bereits das Vorspiel des Kommenden. Die Offiziere sind nämlich mittlerweile von den Mannschaften getrennt; die Soldaten tragen bereits den kahlen Kopf und werden wie Viehherden behandelt. Das "Blatt" in der Behandlung der Gefangenen hat sich gewendet. 42 Generale, 8.038 Offiziere und 181.032 Unteroffiziere und Mannschaften, sowie 14.000 lettische Freiwillige sind in der Hand der Sowjets. Ende Mai/Anfang Juni ist das große Sammeln beendet. Jetzt beginnt der unendlich lange Marsch in die sumpfigen Wälder des Waldai-Gebirges und immer weiter nach Osten . . .

Die Einschiffung der letzten Kampfgruppen in Libau (oben) und Windau (unten).

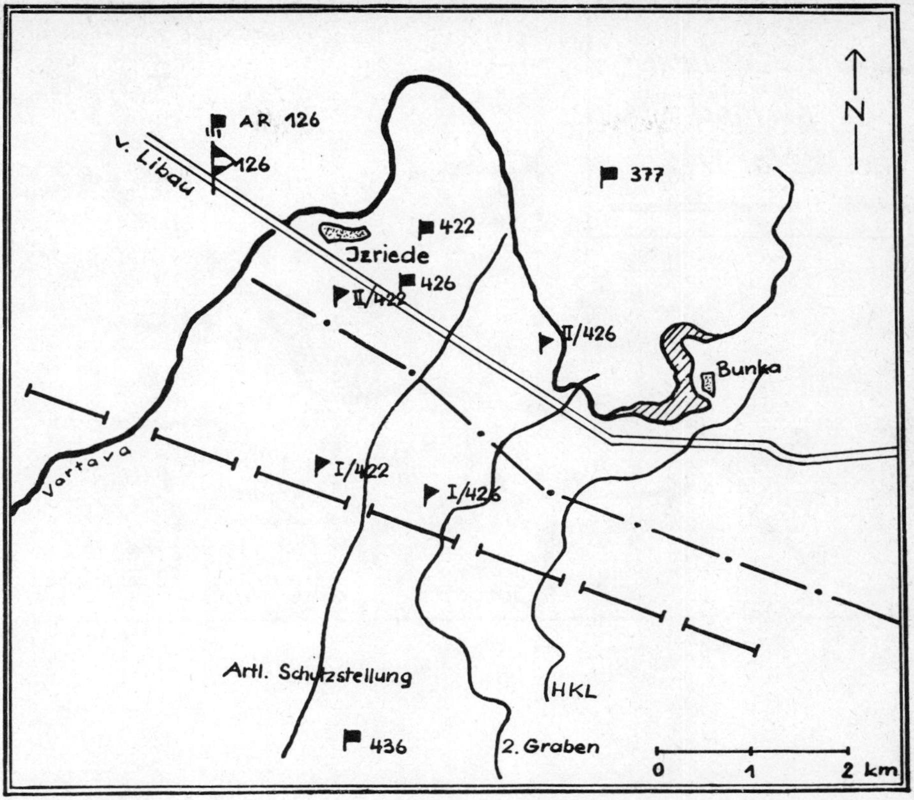

Die letzte Stellung der 126. Inf.D. am 6. Mai 1945 südostwärts von Libau.

◀

Umsonst? Fünfeinhalb Jahre Krieg, Entbehrung, Schrecken, Hunger, Kälte und Leid sind durchgestanden. Nun ist das Ende da . . .

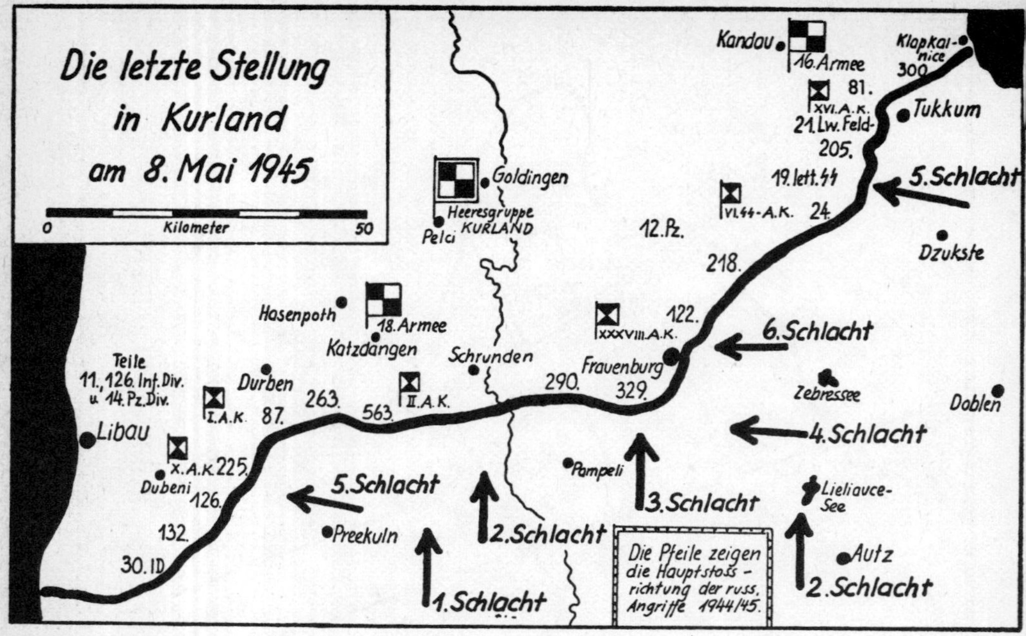

Fremd und vergangen mögen heute die Worte erklingen, die der letzte Bericht des Oberkommandos der Wehrmacht am 9. Mai 1945 meldete:

> "Als vorgeschobenes Bollwerk fesselten unsere Armeen in Kurland unter dem bewährten Oberbefehl des Generalobersten Hilpert monatelang überlegene sowjetische Schützen- und Panzerverbände und erwarben sich in sechs großen Schlachten unvergänglichen Ruhm . . . Um Mitternacht wurde von deutscher Seite, den unterzeichneten Bedingungen entsprechend, der Kampf und jede Bewegung eingestellt."

Die Übergabe der Heeresgruppe Kurland vollzieht sich – bis auf wenige Ausnahmen – ordentlich und reibungslos. Kompanien, Bataillone und Regimenter finden sich zusammen. Sie haben fast fünf Jahre miteinander gekämpft und wollen nun auch gemeinsam den Weg in die Gefangenschaft antreten. Die russischen Bewachungstruppen verhalten sich – wiederum von ganz wenigen Ausnahmen abgesehen – soldatisch und ritterlich. Die sowjetischen Kommandeure und Befehlshaber bringen den deutschen Offizieren die notwendigen Ehrenbezeugungen entgegen. Nachdem die Einheiten ihre Waffen an Sammelstellen abgelegt hatten – Bild oben zeigt eine Sammelstelle bei Striki – marschieren sie geschlossen an ihren Kommandeuren vorbei.

Zurück bleiben einsam und verlassen entlang der kurländischen Küste die Reste einer Heeresgruppe (Bild oben), für die es keine Hoffnung gab und deren Einsatz umsonst war.

Anlagen

1. Gliederung der Heeresgruppe Nord zu Beginn des Ostfeldzuges
2. Gliederung der Heeresgruppe Kurland am 1. März 1945
3. Die Oberbefehlshaber der Heeresgruppe Nord bzw. Kurland 1941—1945
4. Die Oberbefehlshaber der 16. und 18. Armee 1940—1945
5. Die Chefs des Generalstabes der Heeresgruppe und der Armeen
6. Die Kommandierenden Generale der zuletzt in Kurland eingesetzten Armeekorps (1945)
7. Heeresgruppe Kurland im Mai 1945 (Gliederung und Stellenbesetzung)
8. Deutsche Truppen, die seit Oktober 1944 in Kurland zeitweise oder bis zum Ende eingesetzt waren
9. Marinedienststellen in Kurland (April/Mai 1945)
10. Die 9. Marine-Sicherungsdivision (Mai 1945)
11. Statistische Angaben (Verluste, Feindverbände)
12. Der Kapitulationsbefehl
13. Das letzte Fernschreiben der Heeresgruppe Kurland (7. Mai 1945)
14. Der letzte Wehrmachtbericht (9. Mai 1945)
15. Literaturübersicht

Anlage 1

Gliederung der Heeresgruppe Nord zu Beginn des Ostfeldzuges

(22. Juni 1941)

Heeresgruppenkommando:

Oberbefehlshaber: Generalfeldmarschall Ritter von Leeb
Chef des Stabes: Generalleutnant Brennecke

Reserven d. H.Gr.Nord:

XXIII. AK: General d. Inf. Schubert;	206. ID.	Glt. Höfl
	251. ID.	Glt. Kratzert
	254. ID.	Glt. Behschnitt

Sicherungstruppe 101:

Kdr.Gen.: Generallt. v. Roques;	207. Si.D.	Glt. v. Tiedemann
	281. Si.D.	Glt. Bayer
	285. Si.D.	Gm. Edler von Plotho

(Die nachfolgende Gliederung entspricht der Aufstellung der Truppen an der Grenze von rechts nach links.)

16. Armee:

Oberbefehlshaber: Generaloberst Busch
Chef d. Stabes: Oberst i. G. Wuthmann

Armeereserve: 253. ID. Glt. Schellert

II. AK.:	Gen.d.Inf. Graf v. Brockdorff	XXVIII. AK.:	Gen.d.Inf. Wiktorin
32. ID.	Gm. Bohnstedt	123. ID.	Glt. Lichel
12. ID.	Gm. v. Seydlitz-Kurzbach	122. ID.	Gm. Machholz
121. ID.	Gm. Lancelle		
X. AK.:	Gen.d.Art. Hansen		
126. ID.	Glt. Laux		
30. ID.	Glt. v. Tippelskirch		

Panzergruppe 4:

Oberbefehlshaber: Generaloberst Hoepner
Chef d. Stabes: Oberst i. G. Chales de Beaulieu

Panzergruppenreserve: SS-Totenkopf D. Grf. Eicke

LVI. AK.:	Gen.d.Inf. v. Manstein	XXXXI. AK.:	Gen.d.Pz.Tr. Reinhardt
3. ID. mot.	Glt. Jahn	6. PD.	Gm. Landgraf
8. PD.	Gm. Brandenberger	1. PD.	Glt. Kirchner
290. ID.	Glt. Freih. v. Wrede	269. ID.	Gm. v. Leyser
		36. ID.	Glt. Ottenbacher

18. Armee:

Oberbefehlshaber: Generaloberst von Küchler
Chef. d. Stabes: Oberst i. G. Hasse

Armeereserve: XXXVIII. AK.: Gen.d.Inf. von Chappuis
58. ID. Glt. Heunert

I. AK.: Gen.d.Inf. v. Both
21. ID. Gm. Sponheimer
1. ID. Gm. Kleffel
11. ID. Glt. v. Boeckmann

XXVI. AK.: Gen.d.Art. Wodrig
217. ID. Glt. Baltzer
61. ID. Glt. Haenicke

selbständig operierend: 291. ID. Glt. Herzog

Anlage 2

Gliederung der Heeresgruppe Kurland am 1. März 1945

(Nach Originalunterlagen des OKH/Generalstab des Heeres)

<table>
<tr><th colspan="4">Schematische Kriegsgliederung 1. März 1945</th></tr>
<tr><th>H.Gr.</th><th>Armeen</th><th>Korps</th><th>Div., Kampfgr., Stäbe</th></tr>
<tr><td rowspan="8">Kurland

Feld-Ausb. Div. Kurland

Stab 201. Sich.-Div.</td><td rowspan="4">18.

Fest. Kdt. Libau (Stab 52. Sich.)

K.Gr. 121.
14. Pz. Div.
12. Pz. Div.</td><td>X.</td><td>K. Gr. 126. 87.
30. 12. Lw. FD.</td></tr>
<tr><td>I.</td><td>218. 132.</td></tr>
<tr><td>L.</td><td>205. 225. 11.</td></tr>
<tr><td>II.</td><td>263. 563. V. Gr.
K. Gr. 290.</td></tr>
<tr><td rowspan="4">16.</td><td>XXXVIII. Pz.</td><td>329. 122.</td></tr>
<tr><td>VI. SS-Frw.</td><td>24.
19. Waff. Gren. Div. SS (Lett. Nr. 2)</td></tr>
<tr><td>XVI.</td><td>St. 21. Lw. FD. (Barth)
81. Div. zbV. 300</td></tr>
<tr><td>XXXXIII.</td><td>Kdt. Küste (F.K. 186)
Gr. Ost St. Sich. Div. zbV. 207
Gr. Nord Gr. Nordwest
Fest. Kdt. Windau Gr. Südwest</td></tr>
</table>

Quelle: Fotokopien des Bundesarchivs - Militärarchiv (Koblenz)

Anlage 3

Die Oberbefehlshaber der Heeresgruppe Nord bzw. Kurland 1941 — 1945

Heeresgruppe Nord		(vorherige Dienststellung)
Feldmarschall Ritter von Leeb	Mai 1941 — 16. 1. 1942	OB. Heeresgr. C
Feldmarschall von Küchler	17. 1. 1942 — 8. 1. 1944	OB. 18. Armee
Feldmarschall Model	9. 1. 1944 — 30. 3. 1944	OB. 9. Armee
Generaloberst Lindemann	31. 3. 1944 — 4. 7. 1944	OB. 18. Armee
Generaloberst Friessner	5. 7. 1944 — 24. 7. 1944	OB. Armeeabt. Narwa
Generaloberst Schörner	25. 7. 1944 — 14. 1. 1945	OB. Heeresgr. Süd
Heeresgruppe Kurland		
Generaloberst Rendulic	15. 1. 1945 — 25. 1. 1945	OB. 20. Geb.Armee
Generaloberst von Vietinghoff	26. 1. 1945 — 9. 3. 1945	OB. 10. Armee
Generaloberst Rendulic	10. 3. 1945 — 14. 3. 1945	OB. Heeresgr. Nord (Ostpr.)
Generaloberst Hilpert	15. 3. 1945 — Ende	OB. 16. Armee

Anlage 4

Die Oberbefehlshaber der 16. und 18. Armee 1940 — 1945

16. Armee		
Feldmarschall Busch	Febr. 1940 — 11. 10. 1943	Kom. General VIII. AK.
General d. Art. Hansen	12. 10. 1943 — 1. 6. 1944	Kom. General X. AK.
General d. Inf. Laux	2. 6. 1944 — 3. 9. 1944	Kom. General II. AK.
General d. Inf. Hilpert	4. 9. 1944 — 14. 3. 1945	Kom. General I. AK.
General d. Inf. von Krosigk	15. 3. 1945 — 16. 3. 1945	Kom. General XVI. AK
General d. Geb.Tr. Volckamer von Kirchensittenbach	17. 3. 1945 — Ende	Kom. General L. AK.
18. Armee		
Generaloberst von Küchler	Nov. 1939 — 16. 1. 1942	OB. 3. Armee
Generaloberst Lindemann	17. 1. 1942 — 30. 3. 1944	Kom. General L. AK.
General d. Art. Loch	31. 3. 1944 — 4. 9. 1944	Kom. Gen. XXVIII. AK.
General d. Inf. Boege	5. 9. 1944 — Ende	Kom. Gen. XXXXIII. AK.

Anlage 5

Die Chefs des Generalstabes der Heeresgruppe und der Armeen

	Heeresgruppe Kurland	(vorherige Dienststellung)
Gen.Maj. von Natzmer	19. 7. 1944 — 27. 1. 1945	Chef Heeresgr. Nord
Gen.Lt. Foertsch, F.A.	28. 1. 1945 — Ende	Chef 18. Armee
	16. Armee	
Gen.Maj. von Gersdorff, C.U.	23. 10. 1944 — Ende	Ia Heeresgr. Nord

18. Armee		(vorherige Dienststellung)
Gen.Maj. Foertsch, F.A.	1. 12. 1943 — 25. 1. 1945	Ia 18. Armee
Oberst i.G. Hetzel	26. 1. 1945 — 3. 3. 1945	Chef XXXXIII. Armeekorps
Gen.Maj. Merk	4. 3. 1945 — Ende	Chef III. Panzerkorps

Anlage 6

Die Kommandierenden Generale der zuletzt in Kurland eingesetzten Armeekorps (1945)

I. Armeekorps		
Gen. d. Inf. Busse	1. 8. 1944 — 9. 1. 1945	Kdr. 121. Inf.Div.
Gen. d. Inf. Fangohr	10. 1. 1945 — 21. 4. 1945	Kdr. 122. Inf.Div.
Gen.Lt. Usinger	22. 4. 1945 — Ende	Höh. Art.Kdr. 18. Armee
II. Armeekorps		
Gen. d. Inf. Hasse	15. 7. 1944 — 14. 1. 1945	Kdr. 30. Inf.Div.
Gen.Lt. Dr. Dr. Mayer	15. 1. 1945 — 31. 3. 1945	Kdr. 329. Inf.Div.
Gen.Lt. Gause	1. 4. 1945 — Ende	Chef 6. Panzerarmee
X. Armeekorps		
Gen. d. Art. Thomaschki	1. 1. 1945 — Ende	Höh. Art.Kdr. 2. Armee
XVI. Armeekorps		
Gen. d. Inf. von Krosigk	17. 12. 1944 — 14. 3. 1945	Kdr. 1. Inf.Div.
Gen.Lt. Weber	15. 3. 1945 — Ende	Kdr. 12. Lw.Feld-Div.
XXXVIII. Armeekorps		
Gen. d. Art. Herzog	10. 6. 1942 — Ende	Kdr. 291. Inf.Div.
XXXXIII. Armeekorps		
Gen. d. Geb.Tr. Versock	3. 9. 1944 — 4. 3. 1945	Kdr. 24. Inf.Div.

(Der Stab XXXXIII. AK. wurde im März 1945 nach Ungarn verlegt, Befehlsführung ging an Kdt. rückw. Gebietes der 18. Armee unter Ernennung zum Kdt. Nordkurland.)

L. Armeekorps		
Gen. d. Geb.Tr. Volckamer von Kirchensittenbach	25. 10. 1944 — 11. 4. 1945	Kdr. 8. Jäg.Div.
Gen.Lt. Frhr. v. Bodenhausen	12. 4. 1945 — Ende	Kdr. 12. Pz.Div.
Kommandant Nordkurland		
Gen.Lt. van Ginkel	5. 3. 1945 — Ende	Kdt. rückw. Gebiet 18. Armee
VI. SS-Korps		
SS-Obergruppenführer Krüger	Juli 1944 — Ende	Kdr. SS-Pol.Div.

Anlage 7

Heeresgruppe Kurland im Mai 1945

(Gliederung und Stellenbesetzung)

Gliederung und Stellenbesetzung

*) = in russischer Kriegsgefangenschaft verstorben.
**) = am 3. 2. 1946 in Riga hingerichtet.
***) = Freitod am 8. 5. 1945.

Stab Heeresgruppe:

Oberbefehlshaber: Generaloberst Hilpert*)
Chef des Gen.Stabes: Generalleutnant Foertsch
Oberquatiermeister: Generalmajor Rauser
General der Pioniere: Generalleutnant Medem*)
Höh.Nachr.Führer: Generalmajor Negendanck
Kdr. der Feldgendarmerie: Generalmajor Pawel**)
Heeresgr.Veterinär: Generalstabsveterinär Dr. Köhler
Insp. für Küstenschutz: Generalleutnant Scherer

Armeen:	**16. Armee:**	**18. Armee:**
Oberbefehlshaber:	Gen.d.Geb.Tr. Volckamer von Kirchensittenbach	Gen.d.Inf. Boege
Chef Gen.Stab:	Generalmajor von Gersdorff	Generalmajor Merk
Höh.Art.Kdr.:	Generalmajor Baurmeister	Gen.Lt. Fischer, G.
Armeearzt:		Generalarzt Dr. Baethke
Armee-Veterinär:	Generalvet. Dr. Bethke, H.	Generalvet. Dr. Erban
Kdt. rückw. Gebiets:	Gen.Lt. Fischer, H.	Generalleutnant van Ginkel *)

Armeekorps:

	Kommand. General	Artillerie-Kommandeur
I. AK.:	Generalleutnant Usinger	Oberst Lüneburg
II. AK.:	Generalleutnant Gause	Oberst Salb
X. AK.:	General d. Art. Thomaschki	Oberst Fürguth
XVI. AK.:	Generalleutnant Weber	Oberst Müller
XXXVIII. AK.:	General d. Art. Herzog*)	Oberst Fox
L. AK.:	Generalleutnant Frhr. v. Bodenhausen***)	Oberst Glantz
VI. SS-K.:	SS-Obergruppenf. Krüger***)	(nicht ermittelt)

Divisionen:

11. ID.: Generalleutnant Feyerabend
24. ID.: Generalmajor Schultz
30. ID.: Generalleutnant Henze
81. ID.: Generalleutnant von Bentivegni
87. ID.: Generalleutnant Freiherr von Strachwitz

122. ID.: Generalmajor Schatz
126. ID.: Generalmajor Hähling
132. ID.: Generalmajor Demme
205. ID.: Generalmajor Giese
207. ID.: Generalmajor Brauer
218. ID.: Generalmajor von Collani, ab 1. 5. 45 Gen.Maj. Ranck
225. ID.: Generalleutnant Risse
263. ID.: Generalleutnant Hemmann
290. ID.: Oberst Frotscher
300. ID.: Generalmajor Eberth*)
329. ID.: Generalleutnant Menkel
563. ID.: Generalmajor Neumann
21. Lw.FD.: Generalmajor Barth
19. lett. SS-D.: SS-Brigadeführer Streckenbach
12. PD.: Oberst von Usedom
14. PD.: Oberst Grässel

Übrige Befehlsstellen:

Luftflotte 1: Oberbefehlshaber: General der Flieger Pflugbeil
Höh.Nachr.Führer: Generalleutnant Sattler
Seekommandant Kurland: Konteradmiral von Arnswald
Höh. SS- und Polizeiführer: SS-Obergruppenführer Jeckeln**)
Kommandant Libau: Generalleutnant Baron Digeon von Monteton**)
Kommandant Frauenburg: Generalmajor Küpper**)
Kommandant Sabile: Generalmajor Rupprecht*)

Anlage 8

Deutsche Truppen, die seit Oktober 1944 in Kurland zeitweise oder bis zum Ende eingesetzt waren

Armeen:	16., 18., Armee-Abt. Grasser, Armee-Abt. Kleffel.
Armeekorps:	I., II., X., XVI., XXIII., XXXVIII., XXXXIII., L., VI. SS.-K.
Panzerkorps:	XXXIX. PK., III. SS.-PK.
Infanteriedivisionen:	11., 21., 23., 24., 30., 31., 32., 61., 81., 83., 87., 93., 121., 122., 126., 132., 181., 205., 207., 215,. 218., 225., 227., 263., 281., 290., 300., 329., 389., 563., 15. lett. SS-D., 19. lett. SS-D., SS Nordland, SS Nederland.
Panzerdivisionen:	4., 12., 14.
Luftwaffen-felddivisionen:	12., 21.
Flakdivisionen:	1., 6.

Anlage 9

Marinedienststellen in Kurland (April/Mai 1945)

Kommandant der Seeverteidigung von Lettland
Seekommandant:
Konteradmiral v. Arnswaldt

Stabsoffizier beim Stabe:
Fregattenkapitän Schmeling

Gericht des Seekommandanten von Lettland
Leitender Richter:
MObStRichter Barnbrock

Hafenkommandant Libau
Korvettenkapitän Dipl.-Ing. Soiné

Hafenkapitän Libau
Korvettenkapitän Stockfisch (verstorben 24. 4. 1945)

Hafenkapitän Windau
Korvettenkapitän Wolters (Gustav)

Marineartillerieregiment 10 (Libau)
Regimentskommandeur:
Korvettenkapitän Schenke (Erich)

Marineartillerieabteilung 530 (Windau)
Abteilungskommandeur:
Korvettenkapitän M. A. Lohde

Marineartillerieabteilung 532 (Vidale)
Abteilungskommandeur:
Korvettenkapitän M. A. Blum

Marineartillerieabteilung 534 (Libau)
Abteilungskommandeur:
Korvettenkapitän M. A. Zimmermann (Paul)

Marineflakabteilung 712 (Libau)
Abteilungskommandeur:
Korvettenkapitän M. A. Schmalzhaf

Marinefestungspionierbataillon 321 (Libau)
Bataillonskommandeur:
Major Dipl.-Ing. Petersen (Bruno)

9. Marinekraftfahrabteilung (Libau)
Abteilungskommandeur:
Kapitän zur See (Ing.) Matz

Marineartilleriearsenal Libau
Arsenalkommandant:
Kapitänleutnant (W) Dittmar (Hans)

Marineausrüstungsstelle Libau
Leiter:
Kapitän zur See (Ing.) Schwarz (Georg)

Anlage 10

Die 9. Marine-Sicherungsdivision (Mai 1945)

(Gliederung)

Chef: Fregattenkapitän von Blanc.

Einsatzhäfen bis zur Kapitulation in Kurland: Libau und Windau.

Minensuchflottillen:	1., 3., 12., 25., 31	(33 M-Boote, 21 Fischkutter)
Räumbootflottillen:	1., 17.	(28 R-Boote)
Vorpostenbootflottillen:	3., 9., 17.	(2 M-Boote, 16 Fischdampfer, 7 Walfänger)
Sicherungsflottillen:	3., 14.	(ca. 10 Fischdampfer, 50 Kriegsfischkutter)
Landungsflottillen:	13., 21., 24.	(71 Fahrprähmen und andere Fahrzeuge)
Artillerieträgerflottille:	7.	(19. Artillerieprähme)
U-Jagdflottillen:	3., 11.	(6 Fischdampfer, 14 Kriegsfischkutter)
Ferner einsatzmäßig unterstellt:		
Schnellboot-Schulflottillen:	1., 2., 3.	(ca. 35 S-Boote)

(Das Ritterkreuz zum Eisernen Kreuz erhielten vom Oktober 1944 bis Mai 1945 fünf Offiziere, Fregattenkapitän von Blanc das Eichenlaub).

Anlage 11

Statistische Angaben (Verluste, Feindverbände)

Deutsche Gefangene Mai 1945:

42 Generale, 8 038 Offiziere, 181 032 Soldaten sowie ca. 14 000 lettische SS-Freiwillige.

Deutsches Material, das von den Sowjets in Kurland erbeutet wurde:

325 Selbstfahrlafetten und Sturmgeschütze, 136 Flugzeuge, 1 548 Geschütze, 557 Granatwerfer, 4 363 MGs., 57 646 Gewehre, 224 gepanzerte Fahrzeuge, 310 Funkanlagen, 5 825 Kraftfahrzeuge, 240 Zugmaschinen, 3 442 Gespanne, 16 543 Pferde.

Oberbefehlshaber der sowjetischen Armeen, die gegen die Herresgruppe Kurland standen:

1. Baltische Front: General Bragamyan
2. Baltische Front: General Jeremenko
3. Baltische Front: General Masslenikow

Leningrader Front: Marschall Goworow

3. Weißrussische Front: Marschall Tschernjakowsky, später Marschall Wassilewskij

Zahl der sowjetischen Truppen, die in Kurland kämpften:

	Okt. 1944	Mai 1945
Armeen	5	5
Panzerkorps	4	2
mot. Korps	—	1
Panzerdivisionen	26	18
Schützendivisionen	95	101

Sowjetische Verluste (Oktober 1944 bis Mai 1945)

90 000 Gefallene, 300 000 Verwundete, 4 000 Gefangene (geschätzt), 2 651 Panzer, 1 389 Maschinengewehre, 1091 Geschütze, 722 Flugzeuge.

Anlage 12

Der Kapitulationsbefehl

Der Großadmiral
OKW/WFST
Nr. 89003/45 G.K.Chefs.

7. Mai 1945
12 Ausfertigungen

Chefsache!
Nur durch Offiziere!

FRR-Fernschreiben/Funkspruch

An 1. ....

2. ....

3. Ob.H.Gr. Kurland, Gen.d.Inf. Hilpert

4. — 14..........

1. Am 7. Mai 1945, 02.41 Uhr Gesamtkapitulation durch Oberkommando der Wehrmacht für alle Streitkräfte zu Lande, zu Wasser und in der Luft an Oberbefehlshaber der Alliierten Expeditionsstreitkräfte und gleichzeitig an sowjetisches Oberkommando unterschrieben. Dies war unvermeidlich, um in kurzer Zeit zu erwartende vollständige Vernichtung bestimmter Frontteile zu verhüten und somit noch möglichst viele Menschen für Deutschland zu retten.
2. Danach ist mit dem 9. Mai 1945, 00.00 Uhr deutscher Sommerzeit jede aktive Kampftätigkeit einzustellen . . .

Zusatz für H.Gr. Kurland und AOK Ostpreußen

Alle bis zum 9. Mai 1945, 01.00 Uhr gegebenen Möglichkeiten zum Abtransport über See sind unter äußerster Anspannung aller Kräfte auszunützen. Alle Schiffe müssen bis zu diesem Zeitpunkt ausgelaufen sein.

gez.: Dönitz

Anlage 13

Das letzte Fernschreiben der Heeresgruppe Kurland (7. Mai 1945)

An
OKW / WFST / Op. Abt. (H)

H. Qu., den 7. 5. 1945

18. Armee

Raum Libau fdl. Späh-Stoßtrupptätigkeit.

16. Armee

Gegen die nach der Tiefe aufgelockerte Front. 16. Armee bisher schwache fdl. Aufkl.-Vorstöße bei 329., 24., 218. u. 205. ID.

Falls Lage sich nicht verändert, Absicht 7./8. 5. Anlaufen „Ehrengard" (bisheriger Deckname „Laura").

Kein Schiffszulauf.

Wetter: Stark wolkig, Temp. + 6 Grad.

Heeresgruppe Kurland
Ia Nr. 72/45 geh. Kd. Chefs.
(gez. Unterschrift)

(im Original durchgestrichen:) (Richter, Oberst i. G.)

Anlage 14

Der letzte Wehrmachtbericht (9. Mai 1945)

„Seit Mitternacht schweigen nun an allen Fronten die Waffen.

Auf Befehl des Großadmirals hat die Wehrmacht den aussichtslos gewordenen Kampf eingestellt. Damit ist das fast sechsjährige Ringen zu Ende. Es hat uns große Siege, aber auch schwere Niederlagen gebracht. Die deutsche Wehrmacht ist am Ende einer gewaltigen Übermacht ehrenvoll unterlegen.

Der deutsche Soldat hat getreu seinem Eid, im höchsten Einsatz für sein Volk, für immer Unvergeßliches geleistet.

Die einmalige Leistung von Front und Heimat wird in einem späteren gerechten Urteil der Geschichte ihre endgültige Würdigung finden.

Den Leistungen und Opfern der deutschen Soldaten zu Lande, zu Wasser und in der Luft wird auch der Gegner die Achtung nicht versagen. Jeder Soldat kann deshalb die Waffe aufrecht und stolz aus der Hand legen und in den schwersten Stunden unserer Geschichte tapfer und zuversichtlich an die Arbeit gehen für das ewige Leben unseres Volkes.

Die Wehrmacht gedenkt in dieser Stunde ihrer vor dem Feind gebliebenen Kameraden.

Die Toten verpflichten zu bedingungsloser Treue, zu Gehorsam und Disziplin gegenüber dem aus zahllosen Wunden blutenden Vaterland."

Anlage 15

Literaturübersicht

Bekker, Cajus: Kampf und Untergang der Kriegsmarine. — Hannover: Sponholtz 1953.

Boldt, Gerhard: Die letzten Tage der Reichskanzlei. — Hamburg: Rowohlt 1948.

Breithaupt, Hans: Die Geschichte der 30. Infanterie-Division. — Bad Nauheim: Podzun 1955.

Buxa, Werner: Weg und Schicksal der 11. Infanterie-Division. — Kiel: Podzun 1952. (vergriffen)

Denzel, Egon: Das Ende der Adler-Division 1945. — In: Alte Kameraden, 1960, Nr. 5.

Denzel, Egon: Die 21. Luftwaffen-Feld-Division. — In: Feldgrau, Jahrg. 2, 1954, Heft 2. — Burgdorf bei Hannover.

Baden-württembergische Divisionen im 2. Weltkrieg. Zusammengestellt von Rudolf Wich. — Karlsruhe: Braun 1957.

Dönitz, Karl: 10 Jahre und 20 Tage. — Bonn: Athenäum 1958.

Die letzten Einsätze der 215. Division. — In: Alte Kameraden, Jahrg. 1, 1953, Nr. 1.

Festschrift. 2. Wiedersehensfeier der ehem. 205. Infanterie-Division (Pilz-Division). — Karlsruhe: Braun 1957.

Folttmann, Jos. und Hanns Möller: Opfergang der Generale. — Berlin: Bernard & Graefe 1952.

Friessner, Hans: Verratene Schlachten. — Hamburg: Holsten-Verlag 1956.

Görlitz, Walter: Der 2. Weltkrieg. Band 2. — Stuttgart: Steingrüben 1952.

Grams, Rolf: Die 14. Panzer-Division, 1940 — 1945. — Bad Nauheim: Podzun 1957.

Guderian, Heinz: Erinnerungen eines Soldaten. 4. Aufl. — Heidelberg: Vowinckel 1951.

Guerra Mundial. — In: Enciclopedia universal ilustrada europeo-americana, Suplemento anual 1942 — 1944. Madrid: Espasa-Calpe 1950.

Haupt, Werner: Ungeschlagen blieb die Kurland-Armee. — In: Der deutsche Soldat. Jahrg. 22, 1958. Nr. 3.

Hausser, Paul: Waffen-SS im Einsatz. — Göttingen: Schütze 1953.

Hinz, Erich: Das war Kurland. Die Armee der Verlorenen. — In: Die Deutsche Soldatenzeitung. Jahrg. 17, 1953. Nr. 15—18.

Hubatsch, Walther: 61. Infanterie-Division. — Kiel: Podzun 1952.

290. Infanterie-Division 1940—1945. — Delmenhorst 1960. Auslieferung Podzun-Verlag.

20 Jahre Schwert-Division. — In: Alte Kameraden. Jahrg. 8, 1960, Nr. 2.

Von den Kämpfen der 215. württembergisch-badischen Infanterie-Division. Ein Erinnerungsbuch. — Stuttgart: Traditionsverband der ehem. 215. ID. e. V. 1955.

Keilig, Wolf: Das deutsche Heer, 1939 — 1945. Band 1., 2. (Lieferungswerk) Bad Nauheim: Podzun 1956 ff.

Klietmann, K. G.: Ärmelband „Kurland". (Ordenskunde Nr. 15) — Berlin: „Die Ordens-Sammlung" 1960.

Koch, Heinz-Günther: Kampferfahrungen in der Verteidigung. Deutsche Erfahrungen in den Kurlandschlachten 1945. — In: Allgemeine Schweizerische Militärzeitschrift. Heft 1, 1957.

Koch, Horst-Adalbert: Flak, Die Geschichte der deutschen Flakartillerie 1935 —1945. — Bad Nauheim: Podzun 1954.

Kuntzen, G. A.: Die 122. Infanterie-Division im Jahre 1945. (Manuskript.) — Bad Godesberg 1954.

Kutzner, G.: Kurland-Tagebuch 1944. — In: Wiking-Ruf. Jahrg. 3, 1954. Nr. 5.

Lederer, Hans: Festung Kurland (Manuskript). — Hamburg 1955.

Lederer, Hans: Kurland. Gedanken und Betrachtungen zum Schicksal einer Armee (Manuskript). — Hamburg 1955.

Lohse, Gerhart: Geschichte der rheinisch-westfälischen 126. Infanterie-Division. — Bad Nauheim: Podzun 1957.

Lohmann, W. und H. H. Hildebrand: Die deutsche Kriegsmarine 1939—1945 (Lieferungswerk). — Bad Nauheim: Podzun 1956 ff.

Matthies, Kurt: Ich hörte die Lerchen singen. 2. Aufl. — München: Kösel 1958.

Meister, Jürg: Der Seekrieg in den osteuropäischen Gewässern. — München: Lehmann 1958.

Melzer, Walter: Kampf um die Baltischen Inseln. 1917, 1941, 1944. (Die Wehrmacht im Kampf. Band 24.) — Neckargemünd: Vowickel 1960.

Möller-Witten, Hanns: Männer und Taten. — München: Lehmann 1959.

Ohst, Gerhard: So ging ein IR. 2er in Kriegsgefangenschaft. — In: Kameradendienst für die Angehörigen der ehem. Inf.-Regimenter 2 und 422. Jahrg. 6, 1957. Nr. 33.

Ploetz, Karl: Auszug aus der Geschichte. 24. Aufl. — Bielefeld: Ploetz 1951.

Rendulic, Lothar: Gekämpft, gesiegt, geschlagen. - - Wels: Verlag Welsermühl 1952.

Schaub, Oskar: Aus der Geschichte Panzer-Grenadier-Regiment 12 (SR 12). Bergisch-Gladbach: Trad.Verb. Pz.Gren.R. 12. 1957.

Scheibert, Horst: Bildband der 6. Panzer-Division. — Bad Nauheim: Podzun 1958.

Schroeder, Jürgen und Joachim Schultz-Naumann: Die Geschichte der pommerschen 32. Infanterie-Division. — Bad Nauheim: Podzun 1956.

Schultz-Naumann, Joachim: Die letzten 30 Tage. — Stuttgart: Steingrüben 1951.

Seemen, Gerhard von: Die Ritterkreuzträger. — Bad Nauheim: Podzun 1956.

Shugg, Roger W. and H. A. De Weerd: World War II. — Washington: The Infantry Journal 1946.

Stegmann, Wilhelm: Der neue Weltkrieg. Band 6, 1944/45. — Zürich: Berichtshaus 1946.

Tettau, Hans von und Kurt Versock: Geschichte der 24. Infanterie-Division, 1935 — 1945. — Stolberg: Kameradschaftsring der ehemaligen 24. ID. 1956.

Thorwald, Jürgen: Das Ende an der Elbe. 3. Aufl. — Stuttgart: Steingrüben 1950.

Tippelskirch, Kurt von: Geschichte des 2. Weltkrieges. — Bonn: Athenäum 1951.

Tschukowski, N.: Unter baltischem Himmel (Aus dem Russischen übersetzt). Berlin: Volk und Welt 1952.

Weltkrieg 1939 — 1945. Ehrenbuch der deutschen Wehrmacht. — Stuttgart: Riegler 1954.

Heeresgruppe Kurland. Lagekarten während der 5 Kurlandschlachten.

Heeresgruppe Kurland. Kriegstagebuch. 16.—30. 11. 1944, 1.—20. 12. 1944, 21.—31. 12. 1944.

Heresgruppe Kurland. Akte gKdos, Chefsache, April 1945.

Studie „Laura" (Seetransport), Band 1 vom 30. 1. 1945.

AOK 18. Übersichtskarten zum Ostfeldzug. Lagekarten.

AOK 18. Kriegstagebuch. 1.—31. 1. 1945, 1.—28. 2. 1945, 1.—31. 3. 1945.

OKH/Generalstab des Heeres: Schematische Kriegsgliederungen.

Einsame Gräber im Dünenwald hoch über der kurländischen Küste als letzte Erinnerung an ein Land voll Licht und Schatten, voll Leid und Freude und an eine Zeit, deren Spuren längst vom Wind zugedeckt sind.

Die erste große Bild-Dokumentation über d
Nebelwerfer und andere Werfer-Einheiten i
Zweiten Weltkrieg.
Der packende Foto-Bericht über eine Trupp
über deren Einsatz während des Zweiten Wel
krieges, besonders in Rußland, bislang noc
kein Foto-Dokumentar-Bericht vorlag. Vo
Beginn der Aufstellung der Werfer-Einhe
über die Einsätze an allen Fronten bis zu
Ende 1945.
Die Männer – die Waffe – das Kampfg
schehen.
Format 17,5 x 24,5 cm – ca. 350 Fotos
176 Seiten – 36,00 DM ISBN 3-7909-0112

Der Weg der berühmten Hoch- und Deutschmeister-Division durch den Zweiten Weltkrieg. Hervorragende unveröffentlichte Fotos, Karten und Skizzen. Ein Bildband, der die schicksalhaften Jahre 1939 – 1945 in ergreifender Dichte nachzeichnet. Der Dokumentarbericht von den Männern einer bekannten Infanterie-Division, die auf dem Schlachtfeld herausragende Erfolge erstritt und schließlich das Ende des Krieges im Strudel des Untergangs miterlebte. Höhepunkte und Ende der "Hoch- und Deutschmeister" im Zweiten Weltkrieg.
Format 17,5 x 24,5 cm – ca. 350 Fotos – 176 Seiten – 36,00 DM ISBN 3-7909-0111-3

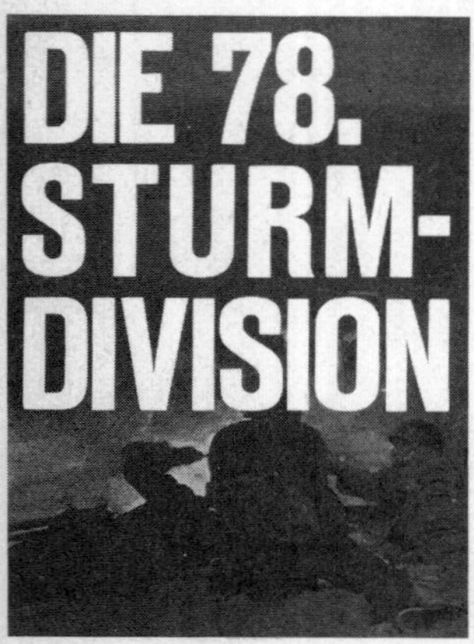

Mehr als 300 Fotos dokumentieren Weg und Schicksal einer Division, die immer in vorderster Linie stand.
Format 17,5 x 24,5 cm – 176 Seiten
Leinen – 36,00 DM ISBN 3-7909-0115-6

Die umfassende Gliederung von der Aufstellung der 79. Infanterie-Division, von den Kämpfen in Frankreich und Rußland und dem Untergang in Stalingrad, bis hin zu der Neuaufstellung und den Ereignissen bei Kriegsende. Format 15 x 22 cm – 304 Seiten – Leinen – 48,00 DM – ISBN 3-7909-0083-4

Heereseinteilung 1939

Gliederung - Standorte - Kommandeure sämtlicher Einheiten und Dienststellen des Friedensheeres am 3. 1. 1939 und die Kriegsgliederung vom 1. 9. 1939

Herausgegeben von Friedrich Stahl

Dienstranglisten der aktiven Generale und Stabsoffiziere vom 1. Mai 1944 mit amtlichen Nachträgen bis Kriegsende * Stellenbesetzung der höheren Kommandobehörden und Divisionen des deutschen Heeres am 10. Juni 1944 * Personenregister mit 13.400 Namen.
Format 15 x 21 cm – 410 Seiten – Leder-Balacron-Einband mit Goldprägung – 48,00 DM

ISBN 3-7909-0113-X

RANGLISTE DES DEUTSCHEN HEERES 1944/45

Dienstalterlisten T und S der Generale und Stabsoffiziere des Heeres vom 1. Mai 1944 mit amtlich belegbaren Nachträgen bis Kriegsende

und

Stellenbesetzung der höheren Kommandobehörden und Divisionen des Deutschen Heeres am 10. Juni 1944

Herausgegeben von

WOLF KEILIG

Podzun-Pallas-Verlag · Friedberg 3

Gliederungen, Standorte und Kommandeure sämtlicher Einheiten und Dienststellen des Friedensheeres am 3. 1. 1939 und Kriegsgliederung vom 1. März 1939. Herausgegeben von Generalleutnant a. D. Friedrich Stahl. Format 15 x 21 cm – 210 Seiten – Balacron-Leinen-Einband – 29,80 DM.

ISBN 3-7909-0114-8

Noch nie vorher konnte der dramatische Verlauf der letzten Kriegsmonate im Osten des Reiches so hautnah dokumentiert werden. Ein Buch, das den Atem verschlägt.
Format 22 x 30 cm – 176 Seiten – viele Bilder in Farbe – 29,80 DM

ISBN 3-7909-0065-6

Der große Bildbericht über den Kampf im Mittelabschnitt der Ostfront. Ein Tagebuch in Bildern. Großformat – 160 Seiten – viele Farbfotos – Leinen 29,80 DM ISBN 3-7909-0066-4

Der unübertreffliche Fotoband vom Krieg im Norden der Ostfront, von den Kämpfen um Leningrad, am Wolchow und schließlich in Kurland.
22 x 30 cm – 160 Seiten – Leinen – viele Fotos in Farbe – 28,00 DM

ISBN 3-7909-0056-7

Aus 300 faszinierenden Dokumentarfotos – viele in Farbe – entstand die große Gesamtschau über die Kämpfe bei der Heeresgruppe Süd.
Großformat – 160 Seiten – 29,80 DM

ISBN 3-7909-0070-2

Hunderte von Fotos über Bewaff-
ung, Panzerung, Kampf und Ende
es Schlachtschiffes.
Großformat – Leinen – 36,00 DM
SBN 3-7909-0029-X

Sämtliche Ritterkreuzträger und deren Daten. Ein Band von dokumentarischem Wert. Ein wichtiges Nachschlagewerk. 420 S. – 48,- DM
ISBN 3-7909-0051-6

Die herausragenden Farbabbildungen und detailgenauen Zeichnun-
en haben ein Standardwerk hoher Klasse entstehen lassen. Ein un-
ntbehrliches Nachschlagewerk.
Format 22 x 29 cm – 164 Seiten – 300 Abbildungen – viele Farb-
eichnungen und Farbfotos – Leinen – 36,00 DM
SBN 3-7909-0072-9

Das Buch vom Kampf der Panzergiganten in der Wüste Nordafrikas. Rommels AFRIKA-KORPS im Einsatz.
Großformat 18 x 24 cm – 160 Seiten
Leinen mit farbigem Schutzumschlag
36,00 DM ISBN 3-7909-0071-0

Ein Top-Buch über die deutschen Kampfpanzer und Kampffahrzeuge. Eine der herausragenden Publikationen auf dem Gebiet der Kampftechnik. 100 Seiten – Großformat – Leinen – 26,00 DM ISBN 3-7909-0055-9

WEITERE LIEFERBARE TITEL AUS DEM VERLAGSPROGRAMM

Cassino (Nardini)	DM 28,00	Die 215. Infanterie-Division	DM 16,80
Der Afrika-Feldzug (W. Haupt)	DM 26,00	Die 305. Infanterie-Division	DM 38,00
Infanterie – Gestern und Heute	DM 29,80	Die Ukrainische Division (Heike)	DM 28,00
Selbstschutz vor Verbrechen	DM 26,00	Infanterie-Regiment 12	DM 14,00
Ihr Wintbeutel und Erzschäker	DM 16,80	Unser General (24. Panzer-Div.)	DM 26,00
Bildnisse uns. Epoche (A. Breker)	DM 42,00	Die deutsche Artillerie	DM 48,00
Bundeswehr und Armeereform	DM 12,00	Die Vertreibung – Sudetenland 1945	DM 32,00
Schuldig? Generale unter Hitler	DM 12,80	Die Flucht – Ostpreußen 1944/45	DM 34,00
Gegen den Strom (E. Rehwinkel)	DM 24,00	Die 29. Pz.Gren.Div. (Text)	DM 17,00
Ein Menschenleben (G. Grzimek)	DM 19,80		
Die 5. Jäger-Division (Bildband)	DM 38,00		

Jeder Band ein geschlossenes kriegsgeschichtliches Werk – reich illustriert, verfaßt und zusammengestellt von bekannten Autoren und Historikern. Die neue kriegsgeschichtliche Buchreihe besticht durch umfassende, packende Texte und eine Fülle von Abbildungen.

Alles über die dramatische Luftschlacht um England, in der Göring die Insel auf die Knie zwingen wollte.
160 S. - 98 Fotos - 9,80 DM
ISBN 3-7909-0067-2

Das gewaltige Ringen um die damals stärkste Festung der Welt. Mansteins Angriff auf Sewastopol. 160 Seiten - 100 Fotos - 12,80 DM
ISBN 3-7909-0068-0

Alle Angriffe der Luftwaffe und der U-Boote auf die britischen Geleitzüge: Ein faszinierender Tatsachenbericht.
160 S. - 100 Fotos - 9,80
ISBN 3-7909-0069-9

Der Foto-Bericht über die sechs Kurland-Schlachten. Alles über diese Heeresgruppe.
160 S. - 80 Fotos - 9,80 DM
ISBN 3-7909-0086-9

Der umfassende Band vom verzweifelten Kampf der Jäger und der Flak gegen die alliierten Bomberströme.
160 S. - 100 Fotos - 9,80
ISBN 3-7909-0117-2

Die bislang einzige minutiöse Darstellung der erbitterten Panzerschlachten in der Steppe.
180 S. - 60 Fotos - 9,80
ISBN 3-7909-0116-4

DAS WAFFEN-ARSENAL

Die einzige kriegsgeschichtliche Serie über Waffen des Zweiten Weltkrieges. Jedes Heft enthält ca. 100 Fotos und umfangreiche, informierende Texte. Format 28 x 21 cm – farbige Titelzeichnungen – viele Skizzen, Schnittzeichnungen und Tabellen. Auch die meisten erschienenen Bände noch lieferbar. Preis bis Heft 55: 6,80 DM. Ab Heft Nr. 56: 7,50 DM.

Lieferbare Titel:

Nr. 1 – 5 vergriffen
6. Sowjetische Panzer
7. Schützenpanzerwagen
8. Deutsche Halbkettenfahrzeuge
9. Luftwaffe (Band 1)
10. Britische Panzer
11. Junkers Ju 52
12. Panther
13. Luftwaffe (Band 2)
14. Panzer IV
15. Junkers Ju 88
16. Dt. Eisenbahngeschütze
17. Messerschmitt Me 109
18. Panzer I
19. Panzer II
20. Heinkel He 111
21. Panzer 35 (t)
22. Luftwaffe (Band 3)
23. Panzer 38 (t)
24. Fw 190
25. Königstiger (T II)
26. Junkers Ju 87
27. 8,8 cm Flak
28. Deutsche Werfer
29. 3,7 cm Pak
30. Thunderbolt
31. Tiger I (2. Heft)
32. Me 163 (Komet)
33. Panther (2. Heft)
34. B 17
35. Panzer IV (2. Heft)
36. Spitfire
37. U-Boot (Typ VII)
38. Lightning
39. Sturmgeschütze
40. Me 110
41. KW I, KW II (Stalins Giganten)
42. Lastensegler
43. Dt. Schwere Mörser
44. Stalins Rote Falken
45. Sherman
46. Do 17
47. Panzer "Maus"
48. Junkers Ju 88 (2. Heft)
49. Panzer III (2. Heft)
50. Heinkel He 111 (2. Heft)
51. Flak
52. Fw 200 "Condor"
53. Hetzer
54. BV 138

In Vorbereitung sind die Bände:
55. Me 262
56. Die Tiger-Familie
57. Ju 87 (2. Heft)
58. VW-Kübel usw.
59. Spezial-Panzer
60. Fieseler Storch
61. Die Jagdpanzer **und weitere**